Tifenn-Tiana Fournereau

Sortilèges pour révéler votre féminin puissant

TABLE DES MATIÈRES

À toutes les merveilleuses femmes
de ma vie, et à toutes les autres aussi.

L'HISTOIRE D'UNE SORCIÈRE MODERNE

Du plus loin que je me souvienne, j'ai toujours été appelée « la petite sorcière ». Mon plus vieux souvenir : j'ai 6 ans et j'annonce au réveil à une tablée d'adultes éberlués que je ne veux pas prendre la route car nous allons tous avoir un accident de voiture. Quelques heures plus tard, la tôle se froisse sur la petite départementale. Plus de peur que de mal, mais dans les regards, quelque chose a changé. J'avais expérimenté là mon premier rêve prémonitoire.

Un an après, alors que je commence à savoir écrire, mon stylo s'affole et narre des histoires que je n'ai pas vécues, certaines dans des langues que je ne parle pas. Puis, c'est avec stupeur et émerveillement qu'un matin de septembre, les mots de mon père, que j'ai perdu très jeune, noircissent mon journal intime. Je reconnais le surnom qu'il me donne et des expressions qui n'appartiennent qu'à lui. C'est précisément là que je prends conscience que les morts me rendent visite et que je peux communiquer avec eux. Sans aucune peur, ces moments extraordinaires finissent par prendre une place naturelle, presque banale, dans ma vie. À l'adolescence, pourtant, rattrapée par l'envie d'être comme tout le monde et dotée d'un esprit rationnel, je me fais à l'idée que ces communications sont probablement le fruit de mon inconscient. Un moyen de ne pas perdre le lien avec mon père.

Des rencontres me ramènent vite, inexorablement, à mes aptitudes un peu particulières. Il faut savoir que les personnes qui vibrent à des fréquences similaires se reconnaissent entre elles. Cette sensorialité plus développée que la normale, je l'ai retrouvée chez d'autres. Ou plutôt l'inverse : mes guides m'ont reconnue, aux hasards des croisées de chemin, et m'ont invitée à utiliser précieusement mes dons. Par exemple, ce buraliste chez qui ma mère s'arrête un jour pour la première fois, de façon totalement fortuite, et qui lui dit qu'il a un message pour sa fille ! Avec une étonnante clairvoyance, ce parfait inconnu me livre alors des conseils et des prédictions qui se révéleront à moi parfois des années plus tard. J'en reste troublée aujourd'hui et son influence habite toujours mes pensées.

Et puis il y a le milieu culturel environnant. Ça peut paraître trivial, mais en pleine période de construction, la pop culture et des films comme *The Craft* créent chez moi un intérêt nouveau pour la magie blanche. Cela m'amène à me renseigner sur la religion wicca et ses rituels magiques. Si je ne prie pas ses dieux, elle m'inspire et j'y pioche énormément, notamment un certain art de vivre en adéquation avec les cycles de la nature et de la Lune. Enfin, pour mes 16 ans, je reçois en cadeau un jeu de tarot de Marseille. Il se révèle tout de suite très bavard et appuie mes flashs et intuitions. Je le tire à mes proches entre deux séances de oui-ja, ce qui me vaut à nouveau le surnom de sorcière. Si je suis le fruit de mon parcours, je ne suis pas tombée très loin de mon arbre généalogique. Et mes racines m'ont clairement mises sur la voie. Je m'appelle Tifenn-Tiana, et dans ce prénom composé, vous trouverez mon histoire. Tifenn est breton et m'a connectée au paganisme celte – assez proche de la religion wicca et du chamanisme –, à la magie des plantes ainsi qu'à la puissance de la Lune. Tiana – prononcé « tine » – est malgache et par lui me vient la communication avec les esprits, un attrait et une connaissance des huiles essentielles et des pierres. On fait tourner les tables depuis toujours des deux côtés de ma famille, et je dois à ma mère – réflexologue et naturopathe – mon magnétisme ainsi qu'une approche alternative de la médecine.

Aujourd'hui, mon cheminement continue. Récemment, un énergéticien a vu en moi une chamane, et j'ai vu en lui un guide. Il m'a présenté certains de ses maîtres, notamment de grands guérisseurs d'Amérique latine. Ainsi, mes projets à court terme seront de pousser dans cette voie, et entre autres de partir de l'autre côté de l'Atlantique afin d'en apprendre plus sur leurs pratiques ancestrales. Quoi qu'il en soit, vous me concéderez que cela fait de moi un sacré mélange d'influences ! Et pourtant, je ne peux m'empêcher d'y trouver une transversalité évidente. Dès lors, il me paraissait important de me faire guide à mon tour. À l'heure où la magie blanche fascine plus qu'elle ne fait peur, j'ai eu envie de réunir ces connaissances en un livre, de vous donner toutes les clefs et de vous dévoiler les secrets que j'ai en ma possession pour prendre le pouvoir et devenir la femme que vous méritez d'être.

Avoir conscience de son pouvoir et se reconnecter à sa féminité, c'est enfin se suffire à soi-même et ne plus chercher à plaire aux autres à tout prix. Cela m'a aidée à toucher du doigt ma véritable essence et à m'épanouir. Cela a aussi aidé mon féminisme à fleurir. En renforçant mon estime de soi, j'ai appris du même coup à ne pas voir les autres femmes comme des rivales, mais bien au contraire de m'en faire des alliées précieuses. En adoptant une attitude sage, positive et constante, vous prendrez pleinement conscience de votre place et de votre impact sur les autres et le monde qui vous entoure. Que vous soyez apprentie sorcière ou en quête de changements, ces sorts existent pour élever votre conscience. Il est important que vous renouiez avec votre intuition mise en veille par le matérialisme de la société actuelle et que vous viviez enfin la vie que vous méritez d'avoir. Développer votre puissance intérieure, c'est emprunter le chemin de vos rêves les plus fous.

LA SORCIÈRE D'HIER

La figure de la sorcière a fait un retour fracassant ces dernières années, impossible de passer à côté du phénomène. Certains fantasment encore une vieille femme indésirable avec un nez crochu, trois verrues et un chapeau pointu. D'autres imaginent une adolescente goth récitant des incantations en latin dans sa chambre. Et puis il y a Sabrina, Buffy ou Hermione… Mais toutes ces interprétations changent au fil du temps, par le déclin de la superstition et l'essor de la pop culture. Derrière la rédemption de la sorcière subsiste pourtant l'histoire insoutenable de l'exploitation des femmes[1]. Des années 1500 aux années 1800, le monde a été témoin d'une épuration brutale lors des chasses aux sorcières, au cours desquelles environ 50 000 personnes ont été exécutées. Cela fait froid dans le dos.

1. *À ce sujet, je vous recommande le remarquable essai de Mona Chollet* Sorcières. La puissance invaincue des femmes*, dont les références figurent dans la bibliographie à la fin du livre.*

LA SORCIÈRE D'AUJOURD'HUI

Si elle fascine à nouveau, ce n'est pas par nostalgie d'une certaine pop culture de la décennie passée. Il est question d'une quête spirituelle sincère, instinctive, et c'est en cela plutôt un regard vers l'avant et vers les femmes puissantes et émancipées que nous sommes. La figure de la sorcière est avant tout l'archétype de la femme forte et rebelle, qui s'émancipe de son statut imposé. Elle n'hésite pas à s'affranchir des normes sociétales, quitte à être brûlée vive. Sa réincarnation moderne est l'emblème féministe par excellence, puisqu'elle représente tout ceux et celles qui ont été mis au ban de la société hétéro-cis-patriarcale.

Vous n'avez pas à suivre mes sorts pour vous identifier au pouvoir symbolique de la sorcière. Être une femme, c'est avoir été persécutée, agressée ou immolée par la nature même de sa condition.

Si vous êtes une femme, vous êtes une sorcière.

La Sorcière, *gravure de Jan van de Velde II, 1626*

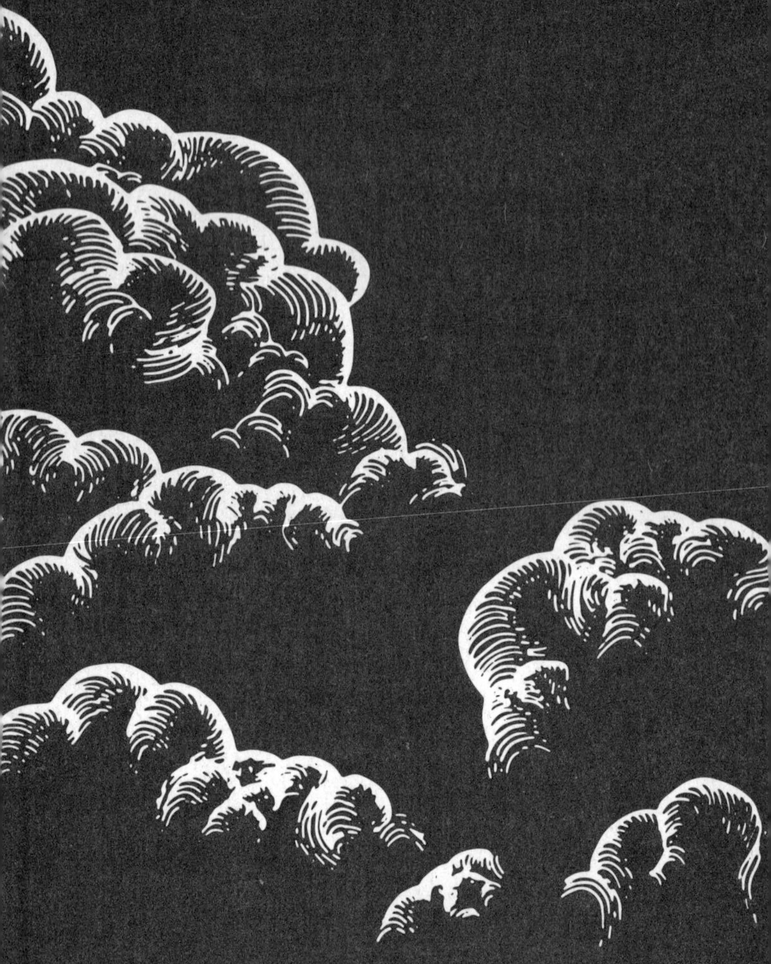

PARTIE 1

LA MAGIE, MODE D'EMPLOI

L'ÉTHIQUE EN MAGIE

Posez votre intention

Afin qu'un sort réussisse, il ne suffit pas d'énoncer « je veux » : d'abord, posez votre intention, c'est-à-dire sondez votre cœur, alignez votre corps et votre esprit, réfléchissez soigneusement à ce que vous souhaitez, à ce que le sort vous apportera non pas matériellement, mais à votre « moi » authentique. C'est grâce à cette réflexion que vous rassemblerez et canaliserez votre énergie intérieure pour réaliser vos rêves. Rien ne se produit par enchantement, la vraie magie vient de vous : de votre énergie, de votre détermination, de votre personnalité. Par ailleurs, la magie est un outil formidable pour vous aider à accomplir les choses que vous désirez, mais n'oubliez nullement de vous mettre en action en parallèle afin d'accroître vos chances de réussite. Souvenez-vous toujours du principe de réalité, dans le domaine de la santé en particulier : ainsi, si vous souffrez d'une maladie grave (mentale ou physique), la magie vous sera bénéfique, mais ne se substituera en aucun cas à un suivi médical.

Fiez-vous à votre intuition

Ma pratique de la magie est certes le fruit d'un héritage culturel et familial, mais elle résulte pour beaucoup d'intuitions et d'empirisme. Les sorts et rituels de cet ouvrage ne suivent aucun système de croyance à proprement parler et ne demandent aucun prérequis magique. Les listes d'ingrédients, les incantations et les étapes sont là pour vous guider, cependant, les objets ne sont que des objets, ils ne servent que de support à votre pratique, car le vrai pouvoir vient de vous ! Permettez-vous de remplacer des ustensiles par d'autres qui vous parlent davantage et de vous approprier les textes des incantations ! Pas besoin d'être Baudelaire, vos intentions vous guideront. L'essentiel est que vous soyez à l'aise et sûre de vous. Dans un premier temps, je vous recommande de vous exercer seule afin d'apprendre à vous laisser guider par votre intuition. Par la suite, cheminer avec d'autres femmes peut vous permettre d'intensifier la puissance de vos sorts – la sororité est une force, dans le domaine de la magie comme dans la vie quotidienne !

Cultivez la bienveillance

Aucun des sorts de ce livre ne vous permettra de vous venger de votre ex, ni de faire perdre ses cheveux à une rivale. Les sorts de vengeance peuvent parfois sembler tentants, mais ils sont très contre-productifs : au lieu de vous émanciper de l'énergie négative, vous la cultivez. Je ne crois pas en la règle de trois, qui dit que si vous envoyez un sort malveillant à quelqu'un, il vous revient par trois fois, mais je pense que l'énergie négative appelle l'énergie négative. Concentrez-vous plutôt sur le positif. La meilleure vengeance sera toujours de profiter de votre bonheur. Nous allons donc tacitement suivre un petit code moral : la magie invoquée ici ne fait de mal à personne, y compris à vous.

Soyez responsable

Les sorts peuvent se révéler puissants, aussi est-il vraiment important au préalable de se demander encore et encore quel est l'impact de ses sorts sur le monde. Une vraie sorcière est alerte et consciente. Elle contrôle ses pensées, ses sentiments, et corrige son comportement. Les sorts et rituels de ce livre sont avant tout utilisés pour prévenir des dommages, créer une protection et appeler des choses positives.

Préservez l'harmonie

Prendre en considération les quatre éléments (l'air, le feu, la terre et l'eau), les phases de la Lune, les jours de la semaine, votre calendrier personnel et le bon espace fait naître l'énergie. Harmonisez-vous avec les détails préparatoires et vous expérimenterez les propriétés mystiques qu'ils évoquent. Dans l'absolu, il est toujours mieux de faire vos rituels à l'extérieur pour être au plus près de la nature. Malheureusement, surtout si vous vivez comme moi en ville, il n'est pas toujours confortable, possible ou même très sûr de le faire. Et je ne fais là même pas référence aux complications possibles liées à la météo… N'hésitez pas dès lors à l'inviter dans votre intérieur, en vous entourant de plantes par exemple.

Faites preuve d'humilité

Je conseille à toute personne empruntant les chemins de l'ésotérisme de ne jamais oublier à quel point nous sommes petits dans l'Univers, et à quel point il serait insensé de s'imaginer pouvoir tout savoir. L'humilité et la remise en question sont essentielles en magie. Dès lors que vous obtiendrez des résultats, vous prendrez de l'assurance et vous vous sentirez toute-puissante. Mi-déesse, mi-guerrière ! Quand bien même ce sentiment s'explique, il n'est pas justifié, il peut même être pernicieux. Le monde de l'ésotérisme et de la magie est vaste, et une vie ne suffirait pas à l'explorer dans son intégralité : acceptez que vous ne pourrez jamais tout savoir, acceptez votre être tel qu'il est, avec ses qualités et ses défauts, ses connaissances et ses limites. Mais attention, être humble ne veut pas dire être petit.

Prenez patience et persévérez !

La réussite et le délai d'accomplissement d'un sort sont extrêmement variables : ils sont en effet différents d'une sorcière à une autre et ils dépendent d'une myriade de facteurs, tels que l'influence de la Lune, votre concentration, l'intensité de votre volonté et vos capacités de visualisation, etc. Si toutes les conditions sont favorables et alignées, les effets peuvent être ressentis de manière quasi immédiate jusqu'à un cycle lunaire complet, soit 28 jours. Pour ma part, j'ai observé que le délai moyen était d'environ deux semaines. Cependant, cela peut être considérablement plus long (une sorcière wiccanne renommée a un sort dans son grimoire qui prend un an et un jour !), et il arrive aussi qu'un sort ne fonctionne pas. Comme beaucoup de choses dans la vie, la pratique vous aidera à être plus efficace, soyez patiente ! Je vous invite à vraiment expérimenter, fouiller, tester sans cesse pour trouver la formule qui fonctionne pour vous. Persévérez et le jour viendra où la magie rayonnera.

LA RELIGION WICCA

Parmi les croyances dans lesquelles j'ai pioché pour créer mes sorts figure notamment la **wicca**, une religion spirituelle contemporaine fondée sur les religions païennes préchrétiennes de l'Europe antique. Il en existe différentes formes (héréditaire, chamanique, gardnérienne, etc.), mais le thème commun est une vénération pour la vie, la nature et l'environnement, personnalisés notamment par **la Grande Déesse et le Dieu Cornu** – qui n'a rien à voir avec Satan, comme le croient souvent les profanes. D'après la cosmogonie wiccanne, la Grande Déesse donna naissance au Dieu Cornu, incarnant ainsi le rôle de génitrice. Plus tard, la figure de mère laissa place à celle de femme, lorsqu'ils s'accouplèrent à l'âge adulte, bouclant ainsi le cycle de la vie. Les sabbats célèbrent les différentes étapes de cette histoire (la naissance du Dieu, son adolescence, etc.) et les outils de ce livre sont associés à ces deux figures : par exemple, les objets phalliques tels que les athamés ou les bougies représentent le Dieu Cornu, le chaudron symbolise le ventre fécond de la Grande Déesse.

La wicca repose sur **13 grands principes** (connaissez-vous vous-même, appliquez votre savoir avec sagesse, harmonisez-vous aux cycles de la terre...), que l'on peut résumer ainsi : « *Faites ce que vous voulez, si vous ne faites de mal à personne.* » Que ces préceptes guident votre pratique comme ils guident la mienne !

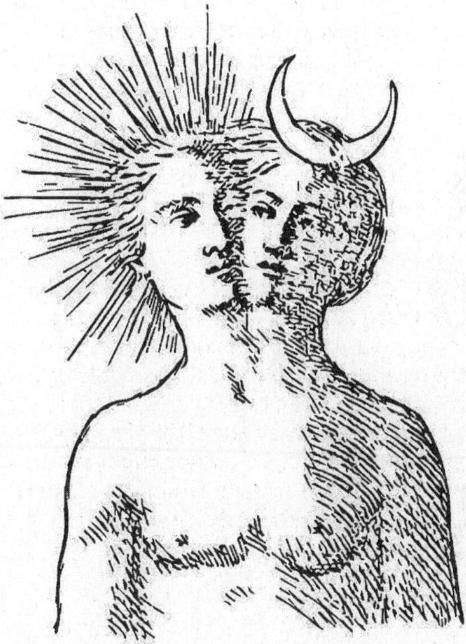

Conjonction Alchimique, artiste inconnu, environ 1600

LES PRÉPARATIFS

Le nom magique

J'ai fait le choix de garder mon nom de naissance tant il a de sens dans mon cheminement spirituel, mais vous pouvez décider de vous attribuer une nouvelle identité qui réveillera la sorcière qui sommeille en vous, qui symbolisera votre renaissance et ancrera votre engagement. Vous pouvez aussi associer votre nom de naissance et votre nom de renaissance, choisi par votre cœur et en toute conscience. Ce nouveau nom vous sera peut-être révélé dans un rêve ou une vision, ou peut-être sera-t-il l'objet d'une recherche intense : vous pouvez vous inspirer de noms de plantes, d'espèces animales, de personnages mythiques et/ou mystiques... Libre à vous !

Ce nom magique sera votre nom de sorcière ; comme un nom de scène, il est à la fois intime et social. Une nouvelle identité qui marquera la partie spirituelle de votre être. Rien ne vous oblige à changer votre nom avant de commencer à pratiquer. Faites-le quand cela vous semble juste, quand vous vous sentez prête. Ce n'est pas anodin ! La démarche est très chargée en symbolique, donc pas de précipitation. Enfin, si vous décidez de franchir le pas, préparez un petit rituel cérémonial afin d'acter ce changement positif et ce cheminement vers qui vous êtes vraiment.

La méditation

Le principe

La méditation est une méthode précieuse pour se recentrer et pour développer sa créativité, mais c'est aussi un outil indispensable à votre pratique de la magie. Elle vous aidera à modifier votre état de conscience et à vous ancrer. Par le vide, vous vous sentirez présente ici et maintenant. C'est cet état de transe qui permet de jeter des ponts entre le visible et l'invisible. L'idée est simplement de trouver un point d'équilibre entre votre part spirituelle et votre part physique. La société dans laquelle nous vivons laisse peu de place au silence. Nous sommes pris en otage par nos pensées et leur vagabondage. Vous constaterez peut-être au cours de vos premières tentatives combien il peut se révéler délicat d'ignorer la petite voix dans votre tête, la fameuse charge mentale (« Mince, est-ce que j'ai bien racheté du lait pour mon café du matin ? », « Il faut vraiment que j'envoie cet e-mail à mon client »). La solution est tout simplement de la laisser exister, mais de systématiquement ramener votre attention sur la qualité de votre souffle. Ces quelques exercices vous aideront – comme ils m'ont aidée – à accueillir la méditation dans votre vie quotidienne et à l'intégrer dans vos pratiques magiques.

Mes conseils de mise en situation

Asseyez-vous dans un endroit calme et trouvez une position dans laquelle vous êtes à l'aise. Mais pas trop, au risque de glisser en un rien de temps dans les bras de Morphée. En ce qui me concerne, j'ai banni la position allongée pour lui préférer une posture assise, en tailleur ou sur les genoux avec les mains relâchées posées sur les membres inférieurs. Ensuite, fermez les yeux et concentrez-vous sur votre respiration. Inspirez le calme et expirez le stress. Focalisez-vous exclusivement sur votre souffle et laissez s'éloigner votre flot de pensées. Sentez l'énergie circuler de vos pieds au sommet de votre tête. Dans un premier temps, laissez la magie de côté et donnez-vous un objectif simple : méditez 10 minutes par jour tous les matins ou tous les soirs.

La visualisation

Le principe

En plus d'être un formidable outil pour se connecter à soi et au moment présent, la méditation est la porte d'accès vers la visualisation. Soit ni plus ni moins qu'une des compétences les plus importantes dans la spiritualité, la médiumnité et la magie. La visualisation est une technique consistant à diriger les énergies. Elle se bâtit sur la capacité de l'esprit à représenter un objet, une situation ou un concept. Elle permet l'éclosion d'une image mentale précise, afin d'y projeter l'intention que l'on désire. Le corps appartient à une dimension physique, les pensées appartiennent à une dimension de l'esprit. Ces dimensions sont faites d'énergies subtiles qui s'influencent l'une et l'autre. Ainsi, agir sur la forme et la teneur symbolique de l'imagerie mentale est en mesure d'influer sur le monde réel.

Autrement dit, la visualisation permet de manipuler votre cerveau. Figurez-vous que ce dernier considère avec autant de force quelque chose qui a été imaginé face à ce qui a été vécu. Plus vous allez loin dans la visualisation de vos objectifs, plus vous allez créer des connexions neuronales qui vous aideront à les matérialiser. Elle n'a donc rien à voir avec une rêverie : l'imaginaire tourne les capacités psychiques vers l'irréel alors que la visualisation mentale vise à agir sur le réel. Quand l'un est un refuge, l'autre est un moyen d'agir. Tout comme pour la méditation, prêtez-vous aux exercices suivants un peu tous les jours, la régularité étant la clé du succès. Au fur et à mesure de vos tentatives, il sera de plus en plus facile de rester concentrée sur votre objectif, et les résultats de vos voyages seront de plus en plus spectaculaires.

Mes conseils de mise en situation

I. Premier exercice

Commencez par fermer les yeux et pensez à un endroit familier. Votre chambre, par exemple. Souvenez-vous maintenant de la disposition de vos meubles. Y a-t-il des cadres aux murs ? Quelle est la luminosité ambiante ? À présent, imaginez que vous marchez dans cette pièce, puis que vous vous installez dans votre lit. Est-ce que vous aimeriez changer quelque chose ? Une personne entre. Sans réfléchir, répondez à ces trois questions : qui est-ce ? Que vous dit-elle ? Qu'avez-vous envie de répondre ? La façon dont vous venez d'imaginer cette scène est votre façon de visualiser.

CE DONT VOUS AUREZ BESOIN

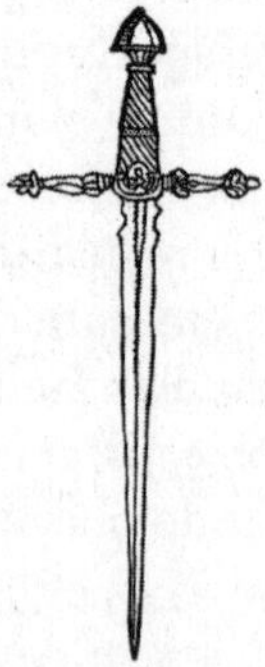

Un athamé [1]

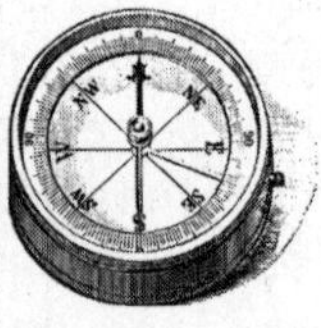

Une boussole

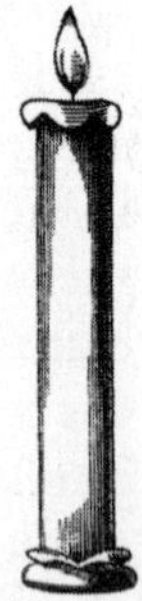

Une bougie [2]

De l'encens [3]

Un bol de gros sel marin consacré

Une coupe d'eau

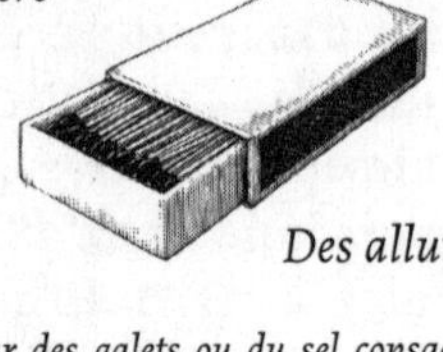

Des allumettes

1. *À remplacer par des galets ou du sel consacré si vous êtes en intérieur.*
2. *De la couleur la plus appropriée à votre rituel.*
3. *Le plus approprié à votre rituel.*

II. Second exercice

Après avoir médité et une fois que vous serez détendue et ouverte, fixez-vous un but simple, un objectif dans lequel vous pouvez croire facilement et que vous pensez pouvoir atteindre dans un avenir proche : vous pouvez vous voir exploser vos performances sportives, remporter un appel d'offres au bureau ou réussir à communiquer avec votre compagnon sur des choses qui ne vous conviennent pas... Terminez la séance en énonçant à voix haute une phrase courte affirmative toujours au présent, comme si ce que vous appeliez s'était déjà réalisé : « J'ai battu mon record » ou encore « Je suis plus heureuse sans toi, Joey ! » Avant que les images de votre voyage intérieur ne s'estompent dans votre esprit, concentrez-vous une petite minute et absorbez tous les éléments qui vous auront semblé importants : sensations, odeurs, symboles...

La purification du lieu de pratique

Maintenant que vous vous êtes nettoyée intérieurement, il est indispensable de faire de même avec votre espace. En effet, chaque lieu s'imprègne des énergies de passages, ce que l'on appelle la « psychométrie ». Il s'agit d'un encrassement naturel, qui se fait au fil du temps (surtout si une pièce est restée close pendant un moment). On trouve des énergies positives, mais inévitablement aussi quelques traces de disputes, de chagrins et de deuil.

La méthode la plus simple et efficace pour nettoyer une pièce est la fumée, notamment la fumigation par la sauge blanche. La fumée d'encens est également purifiante et aidera à maintenir un bon niveau de propreté énergétique : par exemple, l'encens de bois de santal, de bois de palo santo, de benjoin, d'oliban, pontifical ou de copal. Pour connaître les précautions d'usage et en savoir plus sur les vertus de la sauge et des différentes variétés d'encens, voir « Les herbes », p. 97, et « Les encens », p. 74. Je vous encourage aussi à faire appel à votre intuition : faites-vous confiance et allumez la variété d'encens qui vous appelle en pleine conscience. Parcourez la pièce en faisant en sorte que la fumée se diffuse partout. Par la visualisation, vous pouvez enrichir l'encensement d'une intention, de protection par exemple. Sachez que la fumigation peut également servir à nettoyer énergétiquement votre aura, vos corps subtils, ainsi que n'importe quel objet ou pierre dont vous aurez besoin pour vos rituels de magie. Si vous n'avez pas d'encens sous la main ou que vous n'aimez pas ça, je vous invite à utiliser à la place :

- du gros sel iodé, de préférence gris, que vous disposerez aux quatre coins de la pièce. Veillez ensuite à le vider sans le toucher dans un sac-poubelle hermétique ;

- un diffuseur d'huiles essentielles. Privilégiez l'huile essentielle d'encens, de sauge, de citron, de basilic ou de myrrhe. Pour connaître les contre-indications et les précautions d'usage et en savoir plus sur les vertus des différentes variétés d'huiles essentielles, voir « Les huiles essentielles », p. 112.

Le cercle de protection

Lors de vos pratiques magiques, vous pouvez entrer en contact avec des puissances qui vous dépassent (mauvais sorts, manigances occultes ou autres envoûtements…). Il est donc **important d'être protégée**. S'il n'est pas obligatoire à chacune de vos cérémonies, un cercle de protection est primordial quand il s'agit de rituels d'évocation, d'invocation ou de conjuration. C'est un catalyseur sublime qui agit comme un enclos énergétique qui empêchera les fuites et favorisera la concentration des énergies nécessaires à vos sorts. C'est également un bon exercice de concentration et de mise en condition, je vous invite donc à le mettre en place régulièrement. S'il existe de multiples méthodes pour former un cercle de protection, j'opte pour ma part pour la version qui suit. Elle présente l'avantage d'être rapide, simple à appliquer, et le cercle est ainsi tout à fait étanche. Elle est donc idéale pour débuter.

QUE LA MAGIE COMMENCE

- À l'aide de la boussole, identifiez les points cardinaux. Le cercle a une forte valeur symbolique, sa quadrature est celle de l'œuvre alchimique, en le sens qu'elle décompose l'unité originelle pour la réduire **aux quatre éléments (air, feu, eau, terre)**, qu'elle recombine ensuite en une unité supérieure.
- Dans le sens des aiguilles d'une montre, tracez le cercle au sol. Pour ce faire, servez vous de l'athamé si vous êtes en extérieur, utilisez des galets ou du sel consacré si vous êtes en intérieur. Son diamètre devra être idéalement de 5 mètres, mais adaptez-le à l'espace disponible et au nombre de participantes.
- Pour activer votre cercle de protection, il faut maintenant le consacrer. Levez-vous et commencez en prenant d'abord l'encens dans vos mains. Allumez-le et tournez-vous **face à l'est**, qui représente l'élément **air**, celui des fonctions mentales, de la communication, du mouvement et de la divination. Puis dites :

PAR CET ENCENS, JE CONSACRE CE CERCLE.

- Faites le tour de votre cercle dans le sens des aiguilles d'une montre et arrêtez-vous à l'est pour déposer l'encens à l'intérieur du cercle. Ensuite, tournez-vous **face au sud**. Prenez la bougie et allumez-la. Le sud représente l'élément **feu**, celui de la transformation, de la passion, du changement, du succès, de la santé et de la force. Choisissez une bougie de la couleur correspondant à votre rituel ou, à défaut, une bougie blanche. Puis dites :

PAR LE FEU SACRÉ, JE CONSACRE CE CERCLE.

- Comme précédemment, faites le tour complet du cercle dans le sens des aiguilles d'une montre et déposez la bougie au sud, également à l'intérieur du cercle. Tournez-vous maintenant **face à l'ouest**. Prenez la coupe d'eau entre vos mains. L'ouest représente l'élément **eau**, celui des émotions, des pouvoirs psychiques, de l'amour et de la beauté. Puis dites :

PAR L'EAU DU CIEL ET DES RIVIÈRES,
JE CONSACRE CE CERCLE.

- Répétez l'opération en faisant le tour du cercle dans le sens des aiguilles d'une montre, puis déposez la coupe d'eau à l'ouest, à l'intérieur du cercle. Pour terminer, prenez le bol de sel consacré dans vos mains et tournez-vous **face au nord**, qui représente l'élément **terre**, élément stabilisateur, fertile et nourricier. Puis dites :

PAR LE SEL DE LA TERRE,
JE CONSACRE CE CERCLE.

- Une dernière fois, faites le tour du cercle, puis déposez le bol de sel au nord, toujours à l'intérieur du cercle.

Votre cercle de protection est prêt et vous pouvez pratiquer.

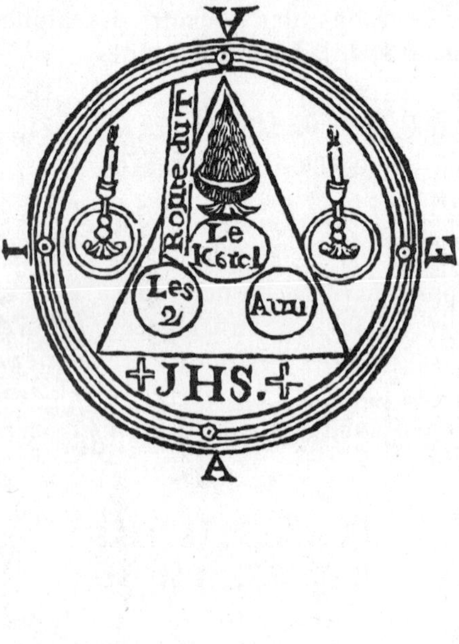

QUAND PRATIQUER ?

LES PHASES DE LA LUNE

La Lune exerce une influence discrète mais continue sur de nombreux phénomènes qui règlent notre vie et celle des êtres vivants qui nous entourent. L'existence des marées en est un bon exemple. La Lune passe par quatre cycles qui durent une semaine chacun et qui influent différemment sur nos comportements et nos réactions. Ils sont également d'une importance capitale quand il est question de magie. En magie, en effet, on dit que l'on construit en lune croissante et que l'on détruit en lune décroissante. Sélectionnez avec soin la phase lunaire adéquate afin de canaliser avec précision son pouvoir lors de la réalisation de rituels.

● La nouvelle lune/lune noire

La Lune est complètement invisible car elle est dans l'ombre de la Terre. C'est à la fois le début et la fin du cycle de lunaison, ce qui la rend ambiguë selon les pratiquants. J'y vois surtout le début d'un nouveau cycle et le commencement de nouveaux projets, de nouvelles relations, de nouveaux lendemains. Ainsi, je vous invite à ne pas à faire de rituels de magie blanche ces soirs-là, car ils ne seraient pas efficaces. Profitez néanmoins de l'énergie de la nouvelle lune pour méditer et formuler vos intentions.

☽ La lune croissante

On parle de lune croissante du premier quartier jusqu'à la pleine lune. Elle apparaît une semaine après la nouvelle lune. C'est le moment idéal pour attirer les énergies positives. Durant cette phase, préparez des sortilèges destinés à attirer les choses vers vous : prospérité, réussite et vitalité. Elle est idéale pour les rituels de soins et pour tout ce que vous voulez voir croître.

○ La pleine lune

La pleine lune luit dans le ciel 14 jours après le début du cycle lunaire. La sensibilité psychique et émotionnelle y atteint son apogée. Votre intuition sera plus développée et vous guidera vers de meilleures prises de conscience. Utile pour répondre aux questions que vous vous posez, idéale pour accroître vos facultés divinatoires et spirituelles, parfaite pour les rituels de toutes sortes. C'est LE moment, faites de la magie !

☾ La lune décroissante

On parle de lune décroissante lorsqu'elle diminue jusqu'au dernier quartier. C'est l'occasion d'éliminer les influences négatives, de conjurer le mauvais sort, de rompre avec vos mauvaises habitudes... Indiquée pour les rituels destinés à chasser quelque chose ou quelqu'un.

INTENTIONS DE NOUVELLE LUNE

La période la plus efficace pour écrire ses intentions se situe pendant **les huit premières heures après le lever de la nouvelle lune**. Durant cette période, l'énergie est à son maximum. Les intentions que vous écrirez avant l'heure exacte du début de la nouvelle lune ne seront pas valables. Il faut impérativement que vous soyez sous son influence pour bénéficier de son énergie. Écrivez entre 2 et 10 intentions à la main et au présent. Vous devez toujours être le sujet, ne formulez jamais rien pour quelqu'un d'autre. Écrivez des phrases dénuées de haine ou de jalousie. Des affirmations dans lesquelles vous avez foi. Par exemple : « Je suis heureuse », « Je réussis dans les projets que j'entreprends. »

L'INFLUENCE DU ZODIAQUE

Chaque nouvelle lune correspond à l'un des signes du zodiaque, qui influence des domaines particuliers (argent, santé, amour, etc.). Si vous y êtes attentive, l'effet de vos intentions sera démultiplié. L'année zodiacale commence à l'équinoxe du printemps, le 21 mars.

♈ En **Bélier** (du 21 mars au 20 avril), passez à l'action, mettez en place vos projets.

♉ En **Taureau** (du 21 avril au 20 mai), développez vos talents, vos finances et vos liens affectifs.

♊ En **Gémeaux** (du 21 mai au 21 juin), communiquez, rencontrez de nouvelles personnes. C'est une superbe période pour la signature officielle de vos contrats.

♋ En **Cancer** (du 22 juin au 22 juillet), concentrez-vous sur l'amour, la famille, le foyer, et tout ce qui touche à la fertilité.

♌ En **Lion** (du 23 juillet au 22 août), tout tourne autour de la fête, des sorties, de la vitalité et de la sexualité ! Foncez aussi sur les vœux liés à la créativité...

♍ En **Vierge** (du 23 août au 22 septembre), formulez des vœux pragmatiques, autour de l'organisation dans le quotidien, dans le travail et la santé. Mettez de l'ordre, en somme !

♎ En **Balance** (du 23 septembre au 22 octobre), focalisez-vous sur tout ce qui touche à vos unions : partenariat, contrat, mariage...

- ♏ En **Scorpion** (du 23 octobre au 22 novembre), c'est le moment des changements profonds, des grandes transformations.
- ♐ En **Sagittaire** (du 23 novembre au 21 décembre), formulez vos intentions autour des voyages lointains, de tout ce qui concerne l'étranger. Mais aussi de ce qui touche à l'expansion, à l'élévation et à l'enseignement.
- ♑ En **Capricorne** (du 22 décembre au 20 janvier), voilà le moment idéal pour l'introspection. Portez vos vœux de fidélité en amour, en amitié ou concernant votre carrière professionnelle.
- ♒ En **Verseau** (du 21 janvier au 19 février), réalisez vos grands changements, vos projets.
- ♓ En **Poisson** (du 20 février au 20 mars), lâchez prise, concentrez-vous sur des intentions liées aux émotions.

Les esbats : célébrations des pleines lunes

Le calendrier des sorcières est un calendrier lunaire, qui comporte 12 ou 13 esbats. Un calendrier des pleines lunes, en somme, qui chaque mois sont propices à la magie et en favorisent différents aspects.

☾ *Janvier, la lune de Loup*

Cette bonne lune apporte protection et force, même si elle est souvent associée à la mort et à la désolation. C'est la fin d'un cycle et le début d'un autre ! Profitez du calme hivernal pour planifier l'arrivée du printemps.

☾ *Février, la lune des Tempêtes*

Ces soirs-là, il n'est pas question de faire de la magie. Contentez-vous de saluer la Lune ou de simplement souffler un baiser dans sa direction.

☾ *Mars, la Lune virginale*

Elle arrive avec le printemps et apporte comme lui espoir, succès et renouveau. C'est une nuit parfaite pour se préparer aux changements et aux nouveaux cycles (nouveau travail, grossesse, voyage, rencontre sentimentale, etc.).

☾ *Avril, la lune des Semences*

On l'appelle ainsi car le vent prend le dessus sur les averses à cette période de l'année et diffuse de son souffle pollens et graines... Comme en mars, la lune d'avril est une lune de fertilité, de nouvelles conceptions et de croissance. La nature se met à fleurir, tout comme les projets. Fini, le stade de la planification, il est temps de passer à l'action !

☾ *Mai, La lune des Fleurs*

Cette ronde lune est la première de la partie chaude de l'année. Elle est réputée pour apporter santé, amour, romance et sagesse. C'est une lune tout à fait propice aux rituels destinés à raviver la flamme et la passion, qu'il s'agisse d'une relation amoureuse, amicale ou purement physique. Côté vie professionnelle, c'est le moment de prendre des décisions fermes.

☾ *Juin, la Lune rose ou lune des Amoureux*

C'est une lune qui apporte l'énergie de l'amour, de l'union et du succès.

☾ *Juillet, la lune des Prairies*

Son ascension annonce les premières récoltes. Les fleurs, fruits, plantes ont atteint leur maturité optimale. Il est temps de les cueillir. C'est aussi le commencement des récoltes personnelles. Durant cette période, nous sommes appelés à rassembler tout ce que nous avons appris pendant l'année et à en faire bon usage. Les questions spirituelles devraient prendre tout leur sens. Nos rêves et nos habiletés psychiques se développent d'eux-mêmes. Laissez-vous emporter par ce flux spirituel et récoltez !

☾ *Août, la lune d'Orge*

Les récoltes continuent sur ce mois d'août, mais sont davantage tournées vers les autres. Dès lors, c'est un moment propice pour aider nos proches à profiter de l'abondance

☾ *Septembre, la lune à Cornes ou lune des Moissons*

Elle porte ce nom car traditionnellement, elle éclairait les champs et permettait aux agriculteurs de continuer leurs moissons une fois le soleil couché. C'est une lune peu ordinaire, car son chemin est inhabituel. En effet, durant toute l'année, la lune se lève 50 minutes en moyenne plus tard que la veille. Mais à l'approche de l'équinoxe d'automne, la différence du lever de lune d'un jour à l'autre n'est que de 30 minutes. La lune se lève donc, ce soir-là, peu après le coucher du soleil. C'est une lune de profondeur, qui cherche la vérité. Elle met en lumière ce qui est enfoui en chacun de nous. Elle agit beaucoup sur la psyché.

☾ *La Lune bleue ou lune des Sorcières*

La 13e lune, généralement entre septembre et octobre. Elle n'apparaît que tous les trois ans environ et est la seule occurrence d'une seconde pleine lune dans un même mois. C'est une lune favorable au bilan et à l'introspection. Elle permet de balayer du regard le passé et le présent afin d'en tirer le meilleur pour le futur. C'est une lune qui favorise la magie, alors profitez d'elle pour vos rituels importants, ou encore pour recharger vos pierres.

☾ *Octobre, la lune de Sang*

C'est la lune des nouveaux buts, de la protection, des nouvelles résolutions et de la spiritualité. La nuit de la lune de Sang est parfaite pour les divinations de toutes sortes. C'est le moment d'évaluer ce que vous avez accompli durant l'année et de relâcher le stress et les énergies négatives.

☾ *Novembre, la lune de Glace*

Elle est parfaite pour les rituels d'abondance et de prospérité. Cette lune favorise l'entretien et l'harmonie des liens familiaux, amicaux et amoureux. Elle encourage les nouveaux cycles prospères, heureux et bénéfiques. Son nom lui vient de l'arrivée toute proche de l'hiver.

☾ *Décembre, la lune des Longues Nuits*

Non loin du solstice d'hiver, date à laquelle le jour sera le plus court et la nuit la plus longue, cette lune est pleine. Elle appelle l'espoir et la guérison. C'est également la nuit idéale pour prendre de bonnes résolutions et laisser vos mauvaises habitudes de côté.

Les sabbats : célébrations solaires

Les sabbats sont le nom que l'on donne aux huit fêtes célébrées par les sorcières et sorciers tout au long de l'année. Contrairement aux esbats, mentionnés plus haut, qui célèbrent la Lune, ce sont des fêtes solaires, calées sur les cycles naturels des saisons, les nuits de solstice ou d'équinoxe. Chaque sabbat est un moment sacré accompagné d'une thématique particulière et propice à la magie.

○ *Samhain, 31 octobre*

Le nom Samhain signifie « réunion » ou encore « rassemblement ». Cette fête païenne est plus connue du grand public sous le nom d'« Halloween ». Les fameuses citrouilles que l'on décore sont d'ailleurs un vestige de cette tradition. Il en est de même pour les costumes, destinés à faire peur aux mauvais esprits. Samhain est – parmi les sabbats – la fête sacrée la plus importante car elle marque la fin d'une année et le début d'une autre. C'est l'équivalent du 31 décembre pour les sorcières et sorciers. C'est le moment de l'année où la barrière entre le monde des morts et celui des vivants s'ouvre. Il va donc sans dire que c'est une période propice à la communication avec les défunts, surtout les membres de votre famille. Les énergies magiques sont à leur maximum, je vous invite donc à pratiquer pendant cette nuit. Et à effectuer en particulier vos rituels de protection, de bannissement (mauvaises habitudes, mauvaises fréquentations ou esprits indésirables) et de rupture.

○ *Yule, 21 décembre*

Yule est le symbole du retour du soleil et de la lumière, puisqu'après cette nuit si particulière (la plus longue de l'année dans l'hémisphère nord), les jours recommencent à s'allonger. Tout comme pour la Saint-Jean pour les Chrétiens, le soir de Yule, il est coutume d'allumer des flambeaux et des chandelles, de grands feux de joie à l'aube, destinés à faire fuir l'obscurité et à faire revenir la lumière, symbole de chaleur et de vie.

○ *Imbolc, 2 février*

La fête d'Imbolc est dédiée particulièrement aux femmes ; les prémices du printemps sont fêtées et c'est le retour de la lumière et de la gestation. Associé à la purification après la réclusion de l'hiver, ce sabbat vous invite aux rituels de dédication. Favorisez vos sortilèges en lien avec la rupture, un événement du passé ou en faveur de votre réussite professionnelle. C'est le moment idéal pour vous élever spirituellement, pour prendre de nouveaux départs.

○ ***Ostara, 21 mars***

Ostara, sabbat de l'équinoxe de printemps, marque le premier jour du réveil de la nature. Cette cérémonie marque l'égalité parfaite entre la nuit et le jour. C'est le bon moment pour les commencements, les actions et les nouvelles entreprises. C'est également le temps idéal pour les grands nettoyages : revitaliser vos pensées, vos rêves, vos aspirations ou vos relations. Par ailleurs, ce sabbat est propice aux rituels de croissance et donc de prospérité.

○ ***Beltane, 1er mai***

Beltane signifie « mai » en gaélique, c'est l'un des sabbats majeurs et aussi une ancienne fête celtique importante. Traditionnellement, on mettait alors en terre une plante pour attirer la prospérité. Ce symbole demeure dans le fameux muguet de la fête du Travail. Comme pour Samhain, on dit que le rideau entre le monde des vivants et le monde des esprits tombe lors de Beltane. Toutefois, ce sera plus un moment propice pour communiquer avec votre vous intérieur, qu'avec vos défunts. Elle marque l'arrivée des récoltes abondantes et favorise donc vos rituels de fertilité, de joie et d'amour. C'est aussi le moment pour vos sorts liés à la vitalité ou à la passion.

○ *Litha, 21 juin*

Le sabbat de Litha marque les pouvoirs du Soleil lors du jour le plus long l'année. C'est le moment idéal pour emmagasiner de la force avant que les heures de lumière ne commencent à diminuer. Le solstice d'été est une période favorable aux pratiques de magie d'amour. Traditionnellement, on récolte des herbes magiques durant cette journée. La veille, rassemblez des amis pour une courte nuit blanche durant laquelle vous festoierez jusqu'à l'aube pour observer le soleil se lever et briller plus longtemps que d'ordinaire.

○ *Lughnasadh, 1er août*

Lughnasadh, qui se prononce « Lounassa », est une fête de transition qui marque l'opportunité de réfléchir à la façon dont nos vies changent. Elle marque la fin de l'été et représente le début du cycle des récoltes. Elle est donc fréquemment associée au pain, car le blé est l'une des premières récoltes de la saison, que l'on mange d'ailleurs à cette occasion pour se donner de la force. C'est une date parfaite pour vos rituels de transformations, ceux qui appellent à la renaissance.

○ *Mabon, 21 septembre*

Mabon est ma fête préférée à bien des égards. D'abord, c'est le jour de mon anniversaire, mais en plus, c'est un sabbat associé au vin, puisque c'est la saison des vendanges ! C'est une fête un peu mélancolique, durant laquelle on réfléchit aux événements de l'année qui vient de s'écouler et aux leçons que l'on peut en tirer. Ce jour-là, méditez beaucoup et pratiquez des rituels de protection, de richesse, de prospérité, ainsi que des sorts pour accroître votre confiance en vous.

Les jours de la semaine

Les jours de la semaine peuvent également avoir un impact sur vos cérémonies. Le saviez-vous ? Le nom des jours de la semaine est directement dérivé du nom des astres. Seul « soldi » se voit transformé en « dimanche » au XIIe siècle en raison de la christianisation du cycle diurnal. Il proviendrait du latin *Dies Dominicus* – soit « le jour du Seigneur ».

◯ Dimanche

Avant de devenir le septième jour de la semaine, il était chez les Romains le tout premier. Associé au Soleil et au dieu du même nom. La survivance de cette croyance se retrouve encore aujourd'hui dans le lexique anglophone, néerlandophone et germanophone. En effet, dimanche se dit respectivement en anglais, néerlandais et allemand : *Sunday, Zaterdag* et *Sonntag*, comprendre le « jour du Soleil ». Comme son astre associé, ce jour brille de succès et de lumière ! C'est un excellent moment pour vos rituels liés à la réalisation, à la réussite et aux accomplissements en tout genre.

◯ Lundi

Toujours en début de semaine, le lundi est gouverné par la magie et les mystères de la Lune. C'est le jour idéal pour travailler sur vos dons et vos habilités psychiques. C'est aussi un jour parfait pour les rituels de paix, de guérison, de compassion et d'amitié, ainsi que tout ce qui touche au féminin et à la fertilité. Il amplifie les rituels de réconciliation, de protection et de reproduction.

○ Mardi

Gouverné par Mars, le mardi représente la guerre, les conflits, mais également le courage et la justice. C'est un jour pour recharger son pouvoir personnel, il est propice aux rituels liés à la passion, à la sexualité. Il amplifie les sorts de vengeance et aide à résoudre des affaires liées à la justice, au courage et à la force physique. Parfait pour briser les malédictions et le mauvais sort.

○ Mercredi

Mercredi, *alias* le règne de Mercure, est le jour idéal pour les rituels liés à la communication, à la réflexion et à l'accroissement des connaissances. Méditez sur ce que vous voulez voir arriver. Faites attention à ce que vous projetez, car le pouvoir de la visualisation est puissant ce jour-là.

◯ Jeudi

Jeudi est gouverné par Jupiter, planète de la justice, de l'ordre, mais aussi de l'abondance et de l'argent. C'est un jour de chance ! Il est propice à vos rituels liés à la prospérité, à l'expansion des finances, à l'accroissement de la chance et du bonheur et à tout ce qui touche à la justice.

◯ Vendredi

Le vendredi, c'est Vénus qui est aux commandes et avec elle l'amour, la tendresse et la douceur. C'est un excellent jour pour de nouvelles relations et opportunités. Tous les rituels liés à l'amour, aux sentiments, à la beauté ou encore à l'amitié sont amplifiés.

◯ Samedi

Le samedi, bannissement, destruction et rétribution sont amenés par Saturne. C'est un jour de sagesse et de sensibilisation excellent pour briser vos habitudes et faire le ménage.

Le moment de la journée

Les rituels liés au sommeil ou aux rêves se pratiquent juste avant le coucher ; d'autres se pratiquent exclusivement le jour, car on y invoque la force du Soleil et de la lumière. De manière générale, le moment idéal pour lancer un rituel reste la nuit, tout simplement parce que l'atmosphère est plus calme et que cela favorise la concentration. Par ailleurs, l'obscurité permet d'instaurer une ambiance de mystère et de procurer un sentiment de puissance. Privilégiez ce créneau également lorsque vous faites appel aux esprits, qui sont plus susceptibles de se manifester à ce moment-là. Si cependant l'obscurité vous rend anxieuse ou que vous vous sentez plus à l'aise, plus attentive à la lumière du jour, écoutez-vous. Comme à tous points de vue dans la pratique des sorts, votre intuition est votre meilleure guide ! L'essentiel est que vous vous sentiez bien et que vous ne soyez pas dérangée pendant l'exécution de vos rituels magiques.

QUEL MATÉRIEL UTILISER ?

Un rituel réussi est un rituel organisé. Mettez donc toutes les chances de votre côté et élaborez votre boîte à outils sacrée. Elle vous servira dans toutes vos pratiques liées à la magie. Tout objet tangible est en mesure de vous servir d'outil magique tant qu'il signifie quelque chose de spécial pour vous. Son pouvoir sera celui que vous lui donnerez. Vous pouvez donc fabriquer vos outils vous-même ou vous en procurer dans le commerce, l'essentiel étant que vous preniez bien le temps de les réunir. Encore une fois, laissez-vous guider par ce que vous trouvez et ce qui vous attire.

Si un sort requiert un objet inusuel ou dont vous ne disposez pas, sentez-vous libre d'interpréter et d'adapter la liste des ingrédients. Par exemple, affichez sur votre Smartphone l'image d'une carte de tarot ou la photo de quelqu'un.

La sorcière vit dans son temps et dans son époque ! Ou à la place d'une bougie violette, utilisez une bougie blanche, que vous combinerez avec un objet violet.

Les vêtements

L'usage d'un vêtement cérémoniel – traditionnellement une robe – n'est pas imposé. Cependant, quel que soit votre niveau de pratique, porter des vêtements réservés à la pratique de la magie confère à vos sorts une atmosphère mystique et oriente vos pensées vers la cérémonie, favorisant ainsi la conscience rituelle. Par ailleurs, si vous le pouvez, je recommande de n'utiliser vos vêtements dédiés que lors de vos pratiques, et de les ranger dans l'intervalle. En effet, après chacune de vos cérémonies, ils se gorgent un peu plus d'énergie magique. Les laver trop souvent leur ferait perdre ce cadeau.

Les habits les plus populaires parmi les sorcières sont le tabard (manteau court porté au Moyen Âge sur les armures) et la robe de cérémonie. Certaines optent pour des robes à capuchon pour s'abriter des distractions et limiter les stimulations sensorielles pendant leurs rituels. Soyez vigilante sur le type de manches : les manches pagodes, par exemple, sont susceptibles de s'enflammer lorsque vous manipulez des bougies. Privilégiez des vêtements en matières naturelles telles que la soie, le coton ou encore le lin. Le choix des couleurs entre en ligne de compte, car chacune d'entre elles émet des vibrations spécifiques. Un rituel particulièrement important, une célébration ou certains sortilèges requérant une implication spécifique appellent à des parures différentes.

Gardez à l'esprit que le plus important est que vous vous sentiez à l'aise et pleinement vous.

LE CHOIX DES COULEURS

Le blanc paraît être la couleur la plus adaptée aux pratiques de magie blanche. Il se prête parfaitement à la méditation, aux rituels purificateurs et de protection. On le porte aussi spécialement lors des esbats.

Le bleu convient bien aux guérisseuses ou aux rituels liés à la santé.

Le violet favorise tout ce qui touche au spirituel ; il est parfait pour faire le lien avec les rêves, apaiser les émotions vives et établir des ponts avec le monde de l'invisible.

Le vert renforce le pouvoir des herboristes, des rituels impliquant des plantes, mais convient également pour vos sorts appelant la prospérité.

Le rouge ou le orange se portent lors des sabbats, en harmonie avec le solaire, ou lors de vos rituels de chance.

Le jaune est excellent pour s'adonner à la divination.

Le marron est porté pour des sorts de protection des animaux ou lors d'un rituel en lien avec votre familier (l'animal, souvent de compagnie, qui accompagne et guide la sorcière).

Le noir est très répandu. Contrairement à la croyance populaire, il ne symbolise pas le mal, mais le manque de couleur. Cette teinte protectrice symbolise la nuit, l'Univers et l'absence de mensonges. Lorsqu'une sorcière porte une robe noire, elle revêt la noirceur de l'espace intersidéral, symboliquement, la source ultime de l'énergie.

Les outils

L'athamé

L'athamé est un petit poignard au manche traditionnellement noir et dont la lame à double tranchant rappelle les deux polarités de la magie : la destruction et la création. Il a plusieurs usages : tracer le cercle magique, trancher les liens néfastes et vous défendre contre des forces sombres. Attention, l'athamé n'a pas l'usage d'un couteau standard et ne doit pas servir à couper la matière tangible (faucher les herbes, par exemple).

L'autel

L'autel est l'endroit sur lequel vous effectuerez vos rituels. Choisissez une table plutôt grande, de sorte qu'une fois tous vos outils disposés, vous puissiez encore avoir de l'espace disponible pour écrire, par exemple. Placez-le au centre de votre cercle de protection. Je vous conseille de le positionner vers le nord, car c'est une direction incarnant le pouvoir.

Le balai

Bien qu'il ne puisse toujours pas servir de moyen de transport, le balai occupe une place de choix dans la vie d'une sorcière. Il est symbole de bannissement, de fertilité et de purification. Ce talisman puissant vous protègera contre la magie noire et les influences négatives extérieures. Placé en travers d'une porte ou d'une fenêtre, c'est un rempart contre les esprits néfastes. Servez-vous-en afin de nettoyer votre espace avant la pratique d'un rituel. N'hésitez pas à le fabriquer vous-même en utilisant des variétés de bois qui ajouteront des propriétés à vos utilisations.

La boussole

La boussole est un outil important, car elle vous permettra d'identifier vos points cardinaux et ainsi d'orienter votre cercle de protection. Choisissez-en une de bonne facture à bain d'huile, cela vous évitera d'attendre une éternité avant qu'elle ne se stabilise et vous indique enfin le nord.

Le bol

Le bol vous servira de récipient pour le sel consacré. Choisissez-le de préférence en cuivre, en bois ou en argile.

Le chaudron

Traditionnellement en fer ou en fonte, vous utiliserez le chaudron pour préparer vos potions, vos décoctions de plantes et d'herbes... Il vous servira aussi à brûler de l'encens et sera présent dans nombre de vos rituels. Contrairement aux gros modèles d'antan, il en existe aujourd'hui en format réduit, qui tiennent sur vos plaques de cuisson et sur votre autel.

La cloche

La cloche sert à annoncer le début et la fin de vos rituels ou de vos méditations. Autrefois, on la sonnait également lors du décès d'une sorcière et lors d'un mariage. Choisissez-en une en cristal, en cuivre ou dans un autre alliage.

La coupe

La coupe contiendra l'eau ainsi que les philtres. Vous serez peut-être amenée à boire son contenu. Elle doit être faite en matière naturelle : verre, cristal, terre cuite ou encore bois.

L'encensoir

L'encensoir sert à brûler les encens en résine, en cône ou en bâton, mais aussi certaines huiles essentielles et autres poudres pour fumigation. Vous pouvez en trouver facilement dans les boutiques ésotériques, généralement en laiton. Évitez ceux qui sont trop petits, car ils n'amortissent pas bien les hautes chaleurs dégagées par le charbon ardent. Évitez aussi les encensoirs géants dans un souci de mobilité. Vous pouvez également à la place si vous le désirez utiliser un brûle-parfum ou un petit réchaud.

Le grimoire

Quel que soit le nom que vous lui attribuerez (le Livre des Ombres, le grimoire ou tout simplement votre journal de bord), le grimoire est l'endroit où vous consignerez vos sorts, vos rêves évocateurs, les plantes et les pierres qui vous correspondent... Tout ce qui vous semble important et qui deviendra votre propre guide, votre référence ultime.

Le miroir

Le miroir vous servira à vous focaliser en vous regardant dans les yeux jusqu'à voir au-delà de l'espace et du temps. Choisissez-le concave de préférence ou, à défaut, utilisez un miroir rectangulaire ordinaire. Mais, surtout, sa dimension doit permettre de refléter votre visage et uniquement votre visage, rien de plus.

Le pendule

Le pendule est un instrument utile pour détecter les courants d'énergie ou répondre aux questions de divination dans vos rituels. Il sera important de le purifier et de le charger de vos énergies vibratoires. Pensez également à programmer votre système de langage avec lui. Définissez les mouvements pour le « oui », pour le « non » et pour le « peut-être ».

Le talisman

Le talisman est un objet créé dans un but magique particulier et unique, par exemple vous apporter le succès dans une activité spécifique, ou comme bouclier contre un danger identifié. Il est chargé de l'énergie du sortilège et doit être porté par la personne qui attend son bénéfice. Il peut être fait d'herbes, de pierres, être un médaillon chargé d'une intention ou tout ça à la fois.

Le tambour

Instrument rythmique ancestral et sacré, le tambour est utilisé depuis la nuit des temps pour accompagner et favoriser les transes et la communication avec les esprits. C'est l'outil chamanique par excellence. Instrument privilégié des femmes depuis la préhistoire lorsqu'elles étaient les gardiennes de la vie spirituelle et de la communauté. Comme tout objet magique, laissez-le venir à vous ou choisissez-le avec cœur et intuition.

Le pentacle

Le pentacle, ou pentagramme, fait partie des talismans les plus puissants et protecteurs de la magie blanche. Le plus connu d'entre eux est sans nul doute la fameuse étoile à cinq branches qui s'entrecroisent.

Les amulettes

Souvent faites avec des métaux élémentaires ou des pierres, les amulettes attisent vos superstitions ou font fuir le mauvais œil ou les mauvais esprits.

Les encres

Les encres magiques vous serviront à écrire à l'aide d'une plume de calligraphie dans votre grimoire ou à dessiner des symboles sur des talismans. J'utilise pour ma part des stylos ou des feutres. Plus accessibles que l'encre, ils font également très bien l'affaire. Je conserve en revanche la signification des différentes couleurs et je les consacre avant utilisation.

La consécration des outils

Consacrez toujours vos outils avant de les utiliser ! Commencez par les purifier en les enterrant dans la terre ou en les plongeant dans un bol de sel quelques jours. Ensuite, vous pouvez lancer votre rituel de consécration afin de destiner vos outils à l'usage de la magie. Vous dissocierez alors l'objet de son usage ordinaire, mais, surtout, vous lui insufflerez sa force et ses pouvoirs magiques.

CE DONT VOUS AUREZ BESOIN

- *1 boussole*
- *Des allumettes*
- *De l'encens de votre choix*
- *1 bol de sel*
- *1 coupe d'eau*
- *1 bougie rouge*
- *L'outil à consacrer*
- *1 linge blanc assez grand pour envelopper l'outil*

QUE LA MAGIE COMMENCE

- Identifiez les points cardinaux grâce à la boussole et, tout comme quand vous consacrez votre cercle de protection, placez les objets représentant les différents points cardinaux dans chacune de leurs directions : l'encens à l'est, la bougie au sud, la coupe d'eau à l'ouest et enfin le bol de sel consacré au nord.
- Allumez ensuite l'encens et la bougie rouge.
- Prenez l'outil à consacrer, par exemple un athamé. Faites traverser l'outil dans la fumée de l'encens et dites :

**J'EN APPELLE À LA PUISSANCE
DE L'AIR POUR TE CONSACRER**

- Plongez l'outil quelques secondes dans le bol de sel et dites :

**J'EN APPELLE À LA PUISSANCE
DE LA TERRE POUR TE CONSACRER**

- Plongez l'outil quelques secondes dans la coupe d'eau en disant :

**J'EN APPELLE À LA PUISSANCE
DE L'EAU POUR TE CONSACRER**

- Faites traverser l'outil dans la flamme de la bougie en disant :

**J'EN APPELLE À LA PUISSANCE
DU FEU POUR TE CONSACRER**

- Enfin, emmaillotez l'outil dans le linge et laissez-le sur votre autel durant une nuit.

Les bougies

Les bougies sont des repères. Elles peuvent représenter des personnes ou symboliser l'intention de vos sorts. Vous pouvez en acheter des modèles standard dans le commerce, mais si vous les confectionnez vous-même, elles seront chargées avec plus d'énergie. Certains sorts nécessitant la consumation totale des bougies, utilisez-en plutôt de petit format, dont vous jetterez hermétiquement les miettes à la poubelle à la fin du rituel. Si vous avez seulement des bougies de grand format, vous pouvez les couper au préalable ou enterrer les restes dans votre jardin, en forêt ou dans un terrain vague. Surtout, n'utilisez jamais les restes de bougie d'un rituel pour une autre occasion magique. Chaque couleur représente un attribut, une influence et une émotion différents.

Blanche

La bougie blanche est la bougie la plus facile à trouver, celle que l'on a tous dans un fond de tiroir et c'est une chance, car ses propriétés sont nombreuses ! Elle accroît les pouvoirs psychiques, de clairvoyance et de divination, développe les forces spirituelles, protège et purifie.

Noire

Contrairement à ce que l'on pourrait croire, la bougie noire n'est pas l'opposée de la blanche. C'est une bougie qui chasse la malchance et les malheurs. Elle bannit et repousse le mauvais œil.

Bleue

La bougie bleue s'utilise dans les rites impliquant la fidélité, la sincérité, la loyauté et la confiance.

Marron

La bougie marron symbolise la sécurité et crée un sentiment de bien-être et procure le calme. Elle facilite également la guérison des animaux domestiques.

Argentée

La bougie argentée accélère l'obtention des demandes dans le domaine spirituel (pour développer ses dons ou encore communiquer avec les morts...). Elle neutralise les influences néfastes et dynamise l'intuition et les rêves.

Dorée

La bougie dorée multiplie et renforce les demandes. Elle apporte richesse et abondance, et permet le contact avec le monde de l'invisible.

Rouge

La bougie rouge a la couleur de la passion. Elle favorise la séduction, mais aussi la fertilité. Elle stimule la sensualité et augmente le tonus sexuel. Utilisez-la pour attirer le grand amour.

Rose

La bougie rose favorise les demandes en mariage, exalte la tendresse, l'affection ainsi que les liens stables. Avec cette bougie, le sentimental prime avant tout.

Violette

La bougie violette apporte sagesse, bonté et persévérance. C'est la parfaite alliée pour méditer.

Jaune

La bougie jaune aide à la guérison. Elle accroît la confiance en soi, le charme et la notoriété, et attire la chance, la joie et le bonheur.

Orange

La bougie orange stimule l'énergie, la force, mais aussi une vie charnelle et passionnée. Elle peut également être une alliée pour vos rituels de chance et liés aux amitiés.

Verte

La bougie verte est à allumer pour attirer l'argent et la sécurité financière. Elle annule aussi l'avarice et l'envie.

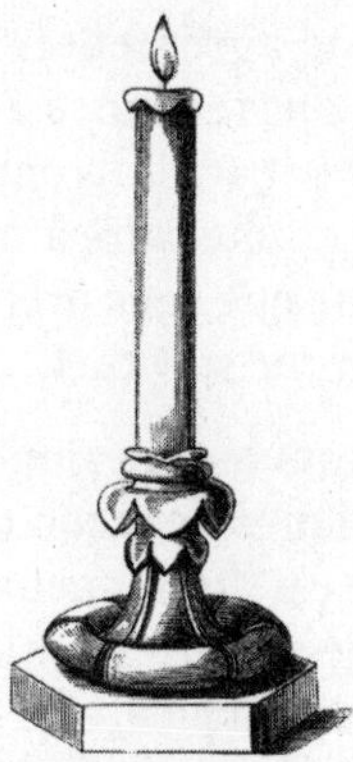

Les encens

À l'exception des sorts de communication avec les morts, l'encens s'allume au début de chaque rituel. Sa fumée a un effet bénéfique sur votre corps et votre esprit. Il agit sur votre concentration et votre réceptivité. Chaque fragrance a un pouvoir actif, certaines sur la volonté, le désir ou encore l'appétit, d'autres sur la protection ou la purification.

☾ Les précautions d'emploi

Veillez à utiliser l'encens dans une pièce suffisamment spacieuse et à ventiler après utilisation. Les encens se présentent sous différentes formes : en bâton, en cône ou en résine. Chacune a ses avantages et ses inconvénients. Je les utilise principalement sous forme de résines, qui sont généralement plus naturelles. Les bâtonnets et les cônes sont souvent agrémentés de parfums de synthèse et ont tendance à donner mal à la tête rapidement, mais ils ont l'avantage d'être plus faciles et plus sûrs à manipuler. Optez pour la forme que vous préférez, à un niveau pratique comme spirituel.

Je vous recommande néanmoins d'acheter des encens fabriqués de façon traditionnelle. Le mot d'ordre est de soigneusement inspecter les emballages. Vérifiez que la mention « 100 % naturel » est indiquée, cela certifiera de leur non-toxicité. Évitez les colorants artificiels, les parfums de synthèse, le salpêtre, le charbon ou les sciures de bois. Pour allumer de l'encens, utilisez des allumettes. Laissez brûler 2-3 secondes, puis soufflez doucement pour éteindre la flamme sans éteindre la combustion.

Si vous optez pour des résines, il faudra vous munir d'une coupelle en céramique ou d'un encensoir : placez-y un petit charbon rond et allumez-le comme dans la préparation de la chicha. Une fois que le charbon est rouge, déposez quelques fragments de résine dessus. Si elle libère beaucoup de fumée, c'est une technique radicale pour les grands nettoyages de purification.

L'encens s'emploie en le laissant se consumer jusqu'au bout. Habituellement, il reste peu de résidus. Attendez que les poussières restantes refroidissent, puis jetez-les au vent par la fenêtre. Évitez de les utiliser pour un autre rituel.

☾ Mes encens de prédilection

L'ambre

L'ambre ne s'utilise que dans des rituels amoureux. Son odeur très particulière influence les émotions. On lui associe également des vertus aphrodisiaques, il convient donc au rituel de renforcement amoureux et au rituel de fidélité.

Le benjoin

Le benjoin est un important protecteur et purificateur qui aide à l'évolution personnelle et au développement spirituel. Il calme le mental et favorise la contemplation. Il aide à combattre les excès en tous genres et chasse les tendances dépressives en réveillant son enthousiasme.

Le bois de palo santo

Le bois de palo santo est un puissant purificateur, un véritable décapant énergétique. Il brûle les impuretés et les émotions négatives et harmonise les énergies du corps et des lieux.

Le bois de santal

Le bois de santal est un allié pour la purification et un bouclier contre les mauvaises vibrations. Il convient aux rituels de santé, de vitalité et pour le bien-être en général. Ses effluves redonneront confiance en soi. Il éveille aussi les désirs sexuels et éloigne des problèmes de fertilité.

Le cèdre

Le cèdre purifie les gens et les lieux, mais il a surtout la propriété d'attirer l'argent, la prospérité et la réussite.

Le copal

J'ai découvert le copal lors de mon voyage de noces au Mexique. Il encourage la spiritualité, est bénéfique pour tout ce qui vient du cœur. Idéal pour les consécrations personnelles, il est très utile pour se purifier lorsque l'on est submergée par des pensées négatives ou lors d'une déprime. Parfait également pour purifier ses lieux ou ses cristaux avant de les charger.

Le jasmin

Le jasmin est très attaché au psychisme et à la divination. Il a la particularité de développer les facultés psychiques, d'attirer le gain. Il aide aux rêves prémonitoires et protège l'amour et l'affection.

La myrrhe

Les Égyptiens se servaient de la myrrhe pour embaumer le corps des pharaons et lors des rituels sacrés. De nos jours, elle est utilisée pour ses vertus antioxydantes, principalement dans des produits de soin. Son encens est propice aux rituels pour trouver l'âme sœur ou pour attirer l'amour, il améliore également les relations amoureuses.

L'oliban

L'oliban est bénéfique pour toutes les actions magiques, c'est le véhicule de la projection énergétique. Il aide à la réalisation des projets et favorise l'action.

Le pontifical

Le pontifical est bien connu des lieux de culte et s'utilise principalement pour les rituels cérémoniaux. Il appuie fortement les incantations et favorise les actions à distance.

La rose

L'encens de rose – et la fleur elle-même d'ailleurs – favorise le retour amoureux, le retour de l'affection dans une relation amoureuse, la réconciliation et pour rendre amoureux ; bref, c'est un symbole divin pour les cérémonies liées à l'amour. C'est du reste l'encens le plus utilisé dans ce domaine.

Le sang de dragon

Le sang de dragon est l'un des encens les plus puissants. Il est une bonne base pour amplifier le pouvoir des autres encens et la puissance magique des rituels. Il est un bouclier de protection et bénéfique pour attirer l'amour.

La sauge

Brûler de la sauge blanche est un acte de purification, de nettoyage. En effet, sa fumée a la propriété d'accrocher les énergies négatives et de les retirer des lieux, des objets ou des personnes. Vous ressentirez immédiatement une amélioration dans votre rapport à vous-même et à votre environnement.

La vanille

La vanille s'utilise pour favoriser la chance, notamment au jeu. On l'utilise également pour appeler le succès personnel et professionnel.

Les pierres et les cristaux

Les pierres et leurs fortes énergies auront une influence certaine sur vous. Leurs nombreuses vertus sont parfaites pour le bien-être et le développement personnel. Chaque pierre ou minéral possède une vibration énergétique qui lui est propre, ainsi qu'une caractéristique différente selon sa composition chimique et sa couleur. Si vous vous en occupez bien, elles peuvent vous suivre et vous aider très longtemps. Au contact de la peau, l'énergie subtile dégagée par la pierre s'adapte à chacun en fonction de son état physique, psychique ou émotionnel et de sa sensibilité aux ondes vibratoires. C'est en cela une alliée de choix pour vos sorts.

☾ Les précautions d'emploi

Une fois que vous aurez trouvé une boutique de pierres et minéraux sûre, qui élimine le doute de la qualité, optez pour des pierres de minimum 200-250 g afin de garantir une action efficace. Pour vous familiariser avec le pouvoir des pierres, vous pouvez commencer par en choisir une en fonction de votre signe astrologique ou parce que ses vertus correspondent à des besoins physiologiques ou psychologiques. Tenez compte aussi des correspondances symboliques (famille de pierres, couleurs…) en fonction du type de rituel (attirer le succès, l'amour…) que vous souhaitez pratiquer. Cependant, la meilleure manière de choisir une pierre est de répondre à l'appel vibratoire qu'exprime votre corps : abordez les différentes pierres sans préjugés, qu'ils soient positifs ou négatifs, et n'achetez que celles dont les fréquences vous attirent. Connectez-vous simplement à votre intuition et à votre ressenti. La pierre doit éveiller en vous quelque chose, vous interpeller : prenez la pierre en main quelques minutes et voyez ce que vous ressentez. Si vous la reposez, c'est que ce n'est pas la bonne.

☾ La purification

Comme les pierres ont le pouvoir d'absorber les énergies négatives en échange de leurs vertus positives, elles perdent progressivement de leur efficacité. Dans le pire des cas, elles finissent par transmettre des énergies polluées et chargées négativement. Eh oui, les pierres se remplissent de vos changements d'état et de ceux de votre environnement, alors autant vous dire qu'elles font vite le plein ! Pour vous en prémunir, purifiez-les dès leur acquisition, puis renouvelez l'opération une fois par mois ou dès qu'un événement majeur se produit. Si vous portez la pierre sur vous, répétez l'opération toutes les semaines. Il existe pour cela plusieurs méthodes, adaptées aux spécificités de chaque pierre.

I. Purification à l'eau de source ou distillée

Immergez la pierre dans de l'eau de source ou distillée : pendant 10 minutes si vous êtes la seule personne à l'utiliser, sinon 3 heures. Rincez ensuite la pierre à l'eau claire et essuyez-la avec un chiffon doux.

II. Purification à l'eau salée

Plongez la pierre dans une solution saline (½ cuillerée à café de sel pour 20 cl d'eau distillée ou déminéralisée) pendant idéalement une nuit complète, rincez-la ensuite à l'eau claire et essuyez-la avec un chiffon doux. Attention, jetez précautionneusement et immédiatement votre eau et votre sel après purification en évitant tout contact avec votre peau ou votre espace de vie. Évitez aussi de purifier des pierres différentes dans le même récipient.

III. Purification par la terre

Enfouissez la pierre dans de la terre (dans le sol ou dans un saladier rempli de terre) pendant au moins 24 heures. L'environnement de la terre étant positif, il va requinquer la pierre en un rien de temps (enfin si, en 24 heures...).

IV. Purification par l'encens

Faites traverser la pierre dans de la fumée d'encens. Visualisez les énergies négatives qui s'en échappent en suivant des yeux le sillage de la fumée qui les emporte avec elle. Plutôt recommandé lorsque les pierres n'ont besoin que d'un petit nettoyage énergétique.

Le rechargement

Maintenant que vous avez débarrassé vos pierres des énergies non désirées, il est temps de les recharger, c'est-à-dire de leur redonner toute leur puissance. Là encore, il existe plusieurs méthodes. Choisissez celle qui est la plus instinctive pour vous.

I. Rechargement par la lumière

Tout comme pour la purification, certains minéraux sont à recharger à la lumière du soleil (généralement les pierres de couleurs chaudes dans les tons rouges ou orangés), d'autres à celle de la lune (généralement les pierres de couleurs froides dans les tons bleus ou verts). Cela vous sera spécifié lors de leur acquisition. Posez la pierre sur un rebord de fenêtre ou à l'extérieur si vous en avez la possibilité et exposez-la à la lumière du soleil pendant 1 à 2 heures ou sous la pleine lune pendant une nuit entière.

II. Rechargement par l'énergie vibratoire des ondes de forme

L'énergie ne peut être vue par la majorité des gens, mais elle est tangible et vous pouvez en constater les effets concrets. Elle peut émaner de tout un tas de sources différentes, mais saviez-vous que l'assemblage de formes géométriques simples (carré, cercle, triangle, etc.), correctement agencées en des motifs plus complexes, permet de canaliser et rendre palpable la force qui les habite ? Maintenant, vous vous demandez sûrement quel usage en faire. Sachez que les pierres y sont particulièrement sensibles. Ainsi, la fleur de vie dégage des fréquences vibratoires excellentes pour la purification de vos pierres et constitue une méthode rapide et peu contraignante pour nettoyer vos minéraux. C'est un symbole très utilisé depuis des millénaires, notamment par les Égyptiens. Achetez, imprimez ou dessinez une fleur de vie et posez votre pierre dessus. Laissez agir au minimum 1 heure, ou une nuit entière pour plus d'efficacité. La voilà prête à l'emploi !

III. Rechargement par le feu

Pour cette méthode, il vous suffit de placer la pierre au plus près d'une source de chaleur : cela peut être le foyer d'une cheminée ou la proximité immédiate de plusieurs bougies. En effet, le rayonnement d'une flamme dégage une source importante d'énergie. Attention cependant, cette technique faisant usage du feu, il vous faudra être précautionneuse. Pour ma part, je place ma pierre au centre de trois bougies chauffe-plat pendant environ 2 heures.

La programmation

Comme évoqué précédemment, chaque pierre a un champ d'action qui lui est propre. Cependant, sachez qu'il est possible d'orienter le pouvoir d'une pierre vers un dessein plus précis – que ce soit dans le cadre d'un sort ou simplement pour vous accompagner au quotidien. C'est ce que l'on appelle la « programmation ». Pour ce faire, il suffit de placer la pierre sur votre troisième œil, qui est situé entre vos deux yeux. Aidez-vous d'un bandeau pour qu'elle tienne correctement en place, ou maintenez-la simplement avec vos doigts. Une fois que vous avez positionné le minéral, je vous invite à commencer un travail de visualisation. Formulez intelligiblement et à voix haute ce que vous attendez d'elle : « Je souhaiterais que tu me protèges de Florian qui à l'évidence est un pervers narcissique » ou encore « Je souhaiterais que tu m'aides à prendre confiance en moi. » Dès que la pierre a accompli son rôle, purifiez-la pendant 24 heures et procédez si vous le souhaitez à une nouvelle programmation.

☾ Mes pierres et cristaux de prédilection

L'agate

Il existe des gisements d'agate dans de nombreux pays du monde. Pierre de chance et d'ancrage, c'est une superbe alliée quand il s'agit de rééquilibrer le physique, le mental ou l'émotionnel. Elle favorise l'autopsychanalyse et les perceptions extrasensorielles, développe la concentration et l'accès aux souvenirs.

- *Purification : eau salée*
- *Rechargement : soleil*

L'amazonite

L'amazonite doit son nom à l'Amazone, fleuve où, d'après la légende, elle aurait été découverte, même si les géologues n'en sont pas convaincus. Je l'aime particulièrement car elle rend hommage aux guerrières amazones et symbolise le courage. C'est une pierre formidable de laquelle émanent la douceur et la tendresse envers les personnes aimées. Elle offre la perception des sentiments sincères et réciproques ainsi que la sensation de bonheur. L'amazonite permet de lutter contre la dépression et régule les carences sexuelles liées à une trop forte émotivité. Mais elle guérit aussi les troubles tels que la vaginite, le priapisme, l'obsession ou le manque de désir. Petit bonus, elle aide à lutter contre la perte de cheveux et offre leur réparation.

- *Purification : eau salée*
- *Rechargement : soleil*

L'ambre

L'ambre fait partie des rares pierres précieuses d'origine végétale, produit de la fossilisation de résine – probablement de pin. Elle aide à prendre sa place et à laisser s'exprimer sa personnalité.

- *Purification & rechargement : non nécessaires*

L'améthyste

L'améthyste invite au lâcher-prise, à l'humilité et à la sagesse. Elle est un bon catalyseur d'énergies négatives et apaise colère, anxiété, angoisse ou encore chagrin.

- *Purification : eau de source*
- *Rechargement : lune (attention, pas à la pleine lune)*

L'aventurine

L'aventurine a une énergie douce et modérée. Elle s'associe à merveille avec d'autres pierres : combinée au quartz rose, elle ouvre le cœur ; combinée au quartz fumé, elle permet de repartir avec optimisme sur de nouvelles bases. Elle augmente la créativité et la détermination. Elle aide à mener à bien ses projets en réduisant le stress et en apportant une paix intérieure.

- *Purification : eau salée*
- *Rechargement : soleil*

La citrine

Depuis toujours, la citrine, pierre solaire, est considérée comme un porte-bonheur. Elle favorise la joie de vivre, l'abondance, mais aussi la générosité ! Elle aide à gagner plus ainsi qu'à partager son butin.

Il est recommandé de ne pas se faire offrir de citrine mais plutôt de l'acheter soi-même.

- *Purification : eau salée*
- *Rechargement : plein soleil*

La cornaline

Les Égyptiens se servaient de la cornaline pour accompagner les morts dans leur passage vers l'au-delà. Elle était notamment arborée par la déesse Isis. Elle redonne de la vitalité et éloigne la peur de la mort. Elle est parfaite dans les rituels d'été de joie, d'abondance et de protection.

- *Purification : eau salée*
- *Rechargement : plein soleil*

Le cristal de roche

Le cristal de roche est la pierre magique par excellence. C'est à la fois un récepteur, un émetteur et un amplificateur. Ça en fait une merveilleuse pierre pour la spiritualité. Il développe les réserves énergétiques du corps ainsi que les facultés parallèles et psychiques, à savoir la télépathie, la visualisation, la clairvoyance ou clairaudience, l'intuition ou encore la concentration.

Elle aide à atteindre de hauts niveaux de méditation.

- *Purification : eau salée*
- *Rechargement : plein soleil ou pleine lune*

Le grenat

Le grenat favorise l'ancrage. Il est de tous les rituels qui demandent courage, force et détermination. C'est une pierre puissante qui aide à faire face aux obstacles.

- *Purification : eau salée*
- *Rechargement : plein soleil*

La howlite

La howlite est une pierre stabilisante magnifique qui ressemble un peu au marbre. Elle permet de clarifier et d'établir de la cohérence entre les sentiments. N'hésitez pas à vous en servir contre les insomnies.

- *Purification : eau de source*
- *Rechargement : lune*

Le jade

Les propriétés magiques du jade sont connues depuis l'Antiquité… Il favorise la méditation, apporte la joie au plus profond de l'âme et procure un sentiment de paix et d'harmonie. Il a le pouvoir de renouveler nos pensées, rafraîchit la vie affective et la régénère, accorde l'équilibre et la sérénité. Il renforce le courage et les capacités d'expression et donne des forces à nos facultés amoureuses.

- *Purification : eau de source*
- *Rechargement : lune*

La labradorite

La labradorite est ma pierre préférée. Je l'ai découverte à Madagascar, où elle est beaucoup utilisée pour se protéger. On dit que c'est un véritable bouclier qui absorbe le négatif. Elle rééquilibre et harmonise. Elle a cette particularité de ne pas toujours avoir la même teinte, oscillant du bleu au vert avec de sublimes reflets métalliques. Comme pour nous prévenir, elle a tendance à se fissurer une fois qu'elle nous a offert pleinement ses vertus.

- *Purification : eau salée*
- *Rechargement : plein soleil ou pleine lune*

Le lapis-lazuli

Le lapis-lazuli, au bleu roi profond parsemé de pyrite dorée, rappelle le firmament. Il apporte la croissance spirituelle, développe les facultés, l'attention, et élève notre conscience. Il est universellement connu comme la pierre de l'amour et de l'amitié.

- *Purification : eau de source*
- *Rechargement : lune*

L'obsidienne

L'obsidienne est une pierre magmatique souvent noire. Ses propriétés sont extrêmement puissantes. Elle est particulièrement utilisée comme portail avec le monde de l'invisible. Elle est reliée au cosmos et intègre l'être dans cette union cosmique.

- *Purification : non nécessaire*
- *Rechargement : soleil vif et direct, pleine lune ou feu de cheminée*

L'œil-de-tigre

L'œil-de-tigre est idéal pour s'enraciner. Avec ses vibrations déterminées, il stimule les gens faibles de volonté et sans courage. Il a un effet miroir et réfléchit ainsi les énergies négatives vers son émetteur. C'est en cela qu'il est protecteur, notamment contre les sorts qui sont jetés contre nous.

- *Purification : eau salée*
- *Rechargement : soleil*

La pierre de Lune

La pierre de Lune est la pierre de la femme. Elle régule les hormones et se révèle excellente pour apaiser les douleurs menstruelles. Elle stimule aussi la fécondité et calme les montées de lait.

- *Purification : eau de source*
- *Rechargement : pleine lune*

Le quartz fumé

Le quartz fumé a de belles teintes cognac. Il aide à surmonter les états dépressifs, l'accablement, le manque de perspectives, et à dominer plus rapidement la tristesse. Il permet de prendre confiance en soi et de voir la vie de manière plus positive.

- *Purification : eau salée*
- *Rechargement : soleil levant*

Le quartz rose

Le quartz rose est le plus connu de la famille des quartz et pour cause, ses vertus sont très recherchées. Il nous libère de nos angoisses affectives, guérit les blessures de l'âme et nous permet d'accepter et d'aimer une nouvelle fois. Il nous fait également prendre conscience de l'amour que l'on se porte à soi-même, aide à s'accepter et à s'aimer. Un vrai amplificateur de confiance en soi.

- *Purification : eau salée*
- *Rechargement : pleine lune*

La tourmaline noire

La tourmaline noire agit comme une barrière contre les jaloux et envieux qui nous entourent. C'est la pierre protectrice la plus puissante connue. Elle est également conseillée pour aider à détoxiquer le corps et éliminer par exemple les métaux lourds de l'organisme.

- *Purification : eau salée*
- *Rechargement : soleil ou lune*

L'unakite

L'unakite est une belle pierre de protection. Elle est connue pour aider à développer ses capacités de clairvoyance et apporter des visions de nature psychique pendant la méditation. Si vous avez des dépendances dont vous aimeriez vous sevrer, son énergie vous y aidera.

- *Purification : eau de source*
- *Rechargement : lune*

Les herbes

Les plantes et herbes font partie intégrante de l'arsenal des sorcières et des guérisseuses depuis les civilisations primitives. Leurs vertus médicinales ont toujours semblé mystérieuses dans l'imaginaire collectif, renforçant l'aura de ceux et celles qui s'en servent. Les plantes utilisées dans les rituels de ce livre sont plutôt communes et simples d'accès. On les utilise sous différentes formes : fraîches, séchées, broyées ou en poudre. Vous pouvez également les mélanger à vos encens. Si vous vivez près de la nature et que vous savez identifier les végétaux, vous pouvez faire votre propre cueillette en forêt. Sinon, adressez-vous à un herboriste (il existe à présent de nombreuses herboristeries en France) ou une boutique correctement achalandée. Vous pouvez encore vous faire un petit jardin d'herbes aromatiques (un rebord de fenêtre suffit).

☾ Les vertus des herbes

Développement personnel

Courage : ail, basilic, cyprès, millepertuis, ortie, pin, thym.

Pouvoir : cannelle, curcuma, gingembre, œillet, romarin, tilleul.

Chance : menthe, noix, romarin, rose, trèfle, verveine, violette.

Bonheur et paix : aloe, anis, basilic, camomille, gardénia, héliotrope, jacinthe, laurier, lavande, lilas, marjolaine, muguet, myrte, ortie, reine-des-prés, romarin, safran, valériane, violette.

Amour

Attirer des hommes : jasmin, lavande, patchouli, vanille.

Attirer des femmes : baies de genièvre, houx, vanille.

Désir : cannelle, citronnelle, graine de coriandre, ortie, romarin, rose, verveine, violette.

Amour : achillée, aneth, basilic, baume de Galaad, bouleau, cannelle, carvi, chèvrefeuille, coriandre, gardénia, ginseng, girofle, jasmin, lavande, marguerite, mélisse, pomme, rose, tilleul, verveine.

Rupture : galanga, lavande, piment, valériane, vétiver.

Santé

Fertilité : armoise, gland de chêne, graine de tournesol, mandragore, pignon, sauge.

Douleurs menstruelles : feuille de framboisier, sauge.

Guérison : aloès, ail, camomille, citronnelle, curcuma, eucalyptus, fenouil, lotus, quinquina, romarin, safran, sauge, thym.

Travail/argent

Créativité : laurier, souci.

Prospérité : bruyère, rose, gingembre, menthe, noix de muscade, pissenlit, souci, vétiver.

Argent : camomille, cannelle, consoude, gingembre, menthe, pavot.

Purification : cannelle, clou de girofle, fenouil, luzerne, pin, sauge, thym, verveine.

Spiritualité

Protection : ail, fenouil, fougère, houblon, hibiscus, lilas, mélisse, millepertuis, ortie, pin, sauge, sureau.

Méditation : acacia, camomille, grande aunée, verveine.

Exorcisme : ail, angélique, basilic, bouleau, millepertuis, quinquina, sauge.

Pouvoirs psychiques : carvi, échinacée, gui, muguet, jasmin, romarin, sauge, souci, vanille.

☾ Mes herbes de prédilection

L'acacia : brûlé pendant les séances de méditation, il permet de capter plus facilement les messages émanant du monde invisible.

L'ail : suspendu à votre porte, traditionnellement, il protège du mauvais œil.

L'angélique : appelée aussi « l'herbe aux anges », l'angélique préserve des maléfices et des mauvais sortilèges. Elle augmente également la patience.

Le basilic : il est facile à trouver ou à cultiver même en ville. Il assure la protection, la joie et la gaieté dans une maison.

Le bouleau : il est parfait pour créer des talismans et en vue de rituels amoureux.

La camomille : excellente pour le foie et les affections de la peau, la camomille préserve aussi des cauchemars.

La coriandre : les graines de coriandre peuvent être utilisées comme amulette dans un pochon en velours ou comme aphrodisiaque.

Le curcuma : c'est une racine très puissante, aux nombreuses vertus. C'est un excellent inflammatoire, un allié jeunesse grâce à ses antioxydants et un amplificateur de bonne humeur.

Le cyprès : il aide dans les moments difficiles et les périodes de crise comme la perte d'un proche.

L'échinacée : elle est réputée pour accroître la puissance des sortilèges.

L'eucalyptus : elle est la plante parfaite pour les invocations de guérison.

Le fenouil : il chasse le mauvais œil et les esprits malveillants, il est également utilisé pour la guérison et la purification.

La fougère : elle protège du mauvais sort.

Le gingembre : la racine de gingembre appelle la réussite et le pouvoir. Si c'est l'argent que vous voulez attirer, n'hésitez pas à en planter.

Le gui : c'est la plante sacrée des druides et des chamans occidentaux. En langue celte, son nom signifie « guérit tout ». Il est prescrit pour contrer le cancer, certaines maladies cardiaques. Il favorise la circulation, régule la tension et calme l'épilepsie, les céphalées ou encore les bourdonnements d'oreille. On l'utilise en magie pour chasser les mauvais esprits, purifier les âmes ou encore neutraliser les poisons.

Le houblon : les propriétés du houblon touchent notamment à la protection.

Le jasmin : il protège les sentiments amoureux et invite les rêves prémonitoires.

La lavande : c'est une plante puissante qui apporte la joie. On l'utilise souvent dans des rituels pour attirer l'amour. Elle est également efficace pour protéger contre les mauvais traitements de son partenaire. Idéale quand il s'agit de purification, elle peut se révéler être une alliée quand il s'agit de communiquer avec l'au-delà.

Le laurier : les feuilles de laurier aident à trouver de l'inspiration dans l'écriture ou l'art. C'est également une plante qui protège les unions et leur assure longévité et bonheur.

Le lotus des Indes : c'est la plante de l'éternelle jeunesse et de la santé.

La marguerite : c'est une très bonne ambassadrice du cœur avec la rose, à condition de bien les charger avant de les utiliser. Brûler de la poudre de marguerite vous apportera un amour profond ou le renforcera.

La mandragore : c'est la racine des sorcières par excellence. Elle a des effets hallucinogènes. Vous pouvez également l'utiliser dans les rituels liés à la fécondité.

La mélisse : elle apporte de la stabilité dans les sentiments. On l'utilise aussi pour se protéger contre les influences néfastes et négatives.

La menthe : elle attire l'argent, la richesse et la prospérité. Elle a un puissant pouvoir d'action sur le système nerveux, sur les psychismes perturbés ou encore les lieux lourdement chargés. C'est également l'herbe de la chance par excellence.

Le millepertuis : il chasse les influences négatives par sa simple présence. En le brûlant, vous pouvez atténuer le mal et faire disparaître définitivement les influences négatives.

L'ortie : elle apporte la force nécessaire pour supporter les épreuves. Portée sur soi, elle protège d'un environnement énergétique malsain.

Le pin : il protège, purifie et apporte force et puissance.

Le pissenlit : réputé pour calmer les nerfs, le pissenlit fortifie l'activité mentale et favorise le commerce. On peut en faire brûler avec de l'encens de benjoin avant des examens ou une compétition importante.

Le quinquina : il a de puissants pouvoirs de protection et de guérison. On l'utilise pour les désenvoûtements.

La rose : on se sert généralement des pétales de rose pour les rituels d'amour, de séduction ou de sensualité. Ils ont également un pouvoir sur la fertilité.

Le romarin : il améliore la mémoire. Il attire la chance et le bonheur.

La sauge : très connue pour ses propriétés magiques, la sauge a un pouvoir de guérison, de protection et d'harmonie. Elle purifie efficacement les lieux, expulse les démons et les mauvais esprits. C'est un allié puissant pour la méditation.

Le souci : les pétales de souci s'utilisent infusés dans un bain purificateur ou en talisman, portés séchés sur soi dans un pochon. Ils canalisent les vibrations de gloire et de spiritualité.

Le thym : lorsqu'on le brûle sur un charbon comme de l'encens, le thym apporte la bonne santé et la lucidité sur nos qualités et nos capacités.

Recettes de potions, philtres et élixirs élémentaires

Lors de vos rituels, vous serez amenée à utiliser les plantes en décoctions. Les potions, philtres ou élixirs portent des noms évocateurs du domaine auquel les associer, qu'il s'agisse d'amour, de chance ou de prospérité. Concrètement, une potion est une préparation à base d'eau et de plantes. Ajoutez-y de l'alcool, elle devient alors un élixir. Quant au philtre, il s'agit d'une potion spécifiquement destinée à influencer les sentiments ou les émotions – particulièrement dans des rituels d'amour.

Vos breuvages viendront compléter l'efficacité d'un sort lors d'un rituel, ou seront utiles en traitement de fond lorsque vous attendrez qu'un sort agisse. Il est une façon précise de les consommer : buvez par petites gorgées le premier tiers de votre breuvage et ressentez ses effets. Puis enchaînez avec le deuxième tiers, marquez un temps et enfin finissez votre breuvage. Jetez les éventuels restes à la fin d'un rituel : chaque concoction ne doit servir qu'une fois.

Philtre d'amour

CE DONT VOUS AUREZ BESOIN

- *1 grand bol*
- *30 g de beurre*
- *50 g de chocolat noir*
- *1 c. à soupe de cannelle*
- *2 clous de girofle*
- *1 gousse de vanille*
- *1 jaune d'œuf*
- *10 cl de lait d'amande*
- *1 rose rouge*
- *1 de vos cheveux*
- *1 photo de l'être aimé*
- *10 cl de rhum brun (facultatif, qui en fera un élixir d'amour)*

- Faites fondre le beurre et le chocolat ensemble au bain-marie ou au micro-ondes.
- Ajoutez la cannelle, les clous de girofle et la vanille, ainsi que le jaune d'œuf.
- Remuez jusqu'à obtenir un mélange fluide et homogène.
- Versez le lait, puis le rhum brun.
- Retirez un pétale de la rose, enveloppez-en votre cheveu, puis déposez-le au centre du philtre.
- Laissez le tout reposer précisément 8 minutes. N'hésitez pas à utiliser un minuteur.
- Puis retirez le pétale, déposez-le sur la photo de l'être aimé et enflammez le tout dans le chaudron.
- Une fois que le pétale et la photo sont totalement consumés, buvez le philtre.

Potion de chance

CE DONT VOUS AUREZ BESOIN

- 1 petite casserole
- 20 cl d'eau
- Le zeste d'1 orange (bio de préférence)
- 1 c. à soupe de miel
- Le zeste d'1 citron (bio de préférence)
- 2 c. à café de thé vert
- Quelques feuilles de menthe

- Versez l'eau dans la casserole.
- Ajoutez les zestes d'orange et de citron, puis portez à ébullition.
- Éteignez le feu et couvrez pendant 15 à 30 minutes.
- Faites infuser le thé vert et les feuilles de menthe dans cette préparation pendant une dizaine de minutes.
- Enfin, filtrez et ajoutez le miel.
- Il est préférable de consommer cette potion tiède et dans le cadre d'un rituel de chance.

Potion de santé

CE DONT VOUS AUREZ BESOIN

- *1 pot en verre refermable hermétiquement*
- *1 racine de gingembre*
- *1 racine de curcuma*
- *1 c. à soupe de miel*
- *1 citron pressé (bio de préférence)*
- *De l'eau (au jugé)*

- Râpez les racines de gingembre et de curcuma dans le pot en verre.
- Ajoutez le miel, puis le jus de citron pressé.
- Allongez le tout d'un peu d'eau chaude, afin de lier la préparation.
- Refermez bien hermétiquement le bocal et secouez-le énergiquement en prononçant à haute voix :

CETTE POTION ME GUÉRIT
ET M'ACCORDE UNE LONGUE VIE.
QU'IL EN SOIT AINSI

- Ajoutez à votre thé ou votre jus du matin 2 cuillerées à soupe de cette potion de santé jusqu'à l'obtention de résultats.

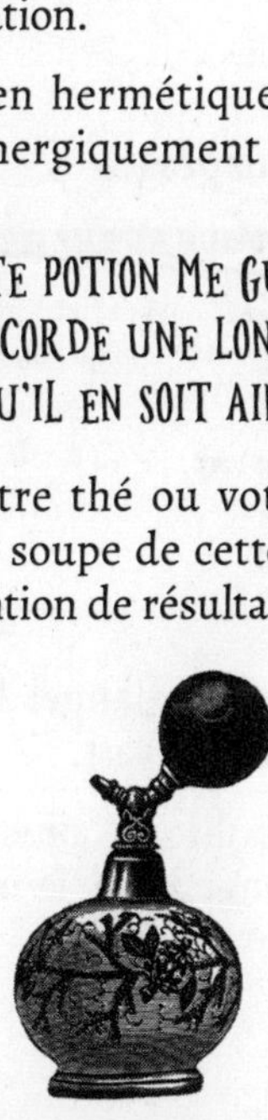

Potion de protection

CE DONT VOUS AUREZ BESOIN

- *1 bol*
- *20 cl d'eau gazeuse*
- *1 pincée de cannelle en poudre*
- *½ citron pressé (bio de préférence)*
- *1 c. à soupe de sucre complet*

- Versez l'eau gazeuse dans le bol, ajoutez la cannelle, le jus du demi-citron pressé et le sucre complet.
- Mélangez le tout et laissez reposer pendant 30 minutes. Ce philtre de protection doit se boire frais.

Élixir de prospérité

CE DONT VOUS AUREZ BESOIN

- *1 casserole*
- *25 cl de jus d'ananas*
- *25 cl de jus d'orange*
- *25 cl de jus de citron vert*
- *1 c. à soupe de rhum brun*
- *1 fine tranche de gingembre frais*
- *1 zeste d'orange*
- *1c. à café de miel*
- *2 clous de girofle*

- Commencez par mélanger les jus d'ananas, d'orange et de citron vert.
- Portez-les à ébullition, puis ajoutez le zeste d'orange, le gingembre, le miel, les clous de girofle et le rhum.

- Laissez le tout infuser en remuant régulièrement.
- Coupez le feu et laissez le breuvage refroidir.

Élixir de désenvoûtement

CE DONT VOUS AUREZ BESOIN

- 1 petite casserole
- 20 cl d'eau
- 10 cl de vin rouge
- 1 c. à soupe de rhum brun
- 1 sachet de sucre vanillé
- 1 pincée de fleur de sel

- Versez l'eau dans la casserole.
- Ajoutez le vin, le rhum, le sucre vanillé et la fleur de sel.
- Portez à ébullition pendant 5 minutes environ (de façon que l'alcool s'évapore).
- Pour finir, éteignez et couvrez pendant 15 à 30 minutes.
- Il est préférable de consommer ce philtre de désenvoûtement tiède.

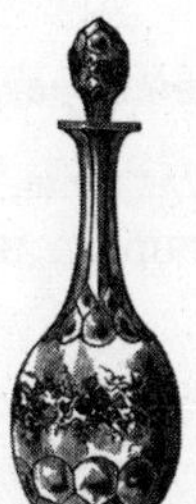

Les huiles essentielles

L'huile essentielle est déjà en tant que telle un peu magique. Véritable remède, je m'en sers depuis de nombreuses années pour soigner les moindres maux, allant du bouton d'acné à la toux. L'huile essentielle est extraite de fleurs, d'herbes, de fruits, d'écorces, de résines, de racines…

☾ Les précautions d'emploi

Les huiles essentielles sont très concentrées en principes actifs, ce qui les rend très efficaces, mais à la condition que vous soyez très prudente sur les quantités sous peine de les rendre toxiques, voire caustiques. Elles sont d'ailleurs totalement interdites aux femmes enceintes et allaitantes. On en trouve de toutes sortes et de toutes qualités dans les commerces ; soyez très vigilante dès l'achat : choisissez-les 100 % naturelles, intégrales, non dénaturées, non coupées et non diluées.

☾ Les vertus des huiles essentielles

Développement personnel

Courage : cannelle, cèdre, chèvrefeuille, fenouil, géranium, musc, pamplemousse, rose.

Pouvoir : cannelle, œillet, vanille.

Chance : cannelle, citron, cyprès, genévrier, lotus, patchouli, violette, ylang-ylang.

Bonheur et paix : benjoin, cumin, gardénia, héliotrope, jacinthe, magnolia, mélisse, rose, santal, tea tree, vanille.

Amour de soi : cannelle, myrte.

Amour

Attirer des hommes : ambre, gardénia, gingembre, jasmin, lavande, musc, tonka.

Attirer des femmes : musc, patchouli, vétiver, violette.

Désir : carotte, céleri, gingembre, jasmin, patchouli, pin, vanille, verveine.

Amour : bouleau, citron, clou de girofle, gardénia, héliotrope, jasmin, rose.

Fidélité : cumin, magnolia, muscade.

Rupture : thuya.

Santé

Fertilité : géranium, musc, safran, verveine.

Douleurs menstruelles : chanvre, estragon.

Guérison : aloès, bois de santal, eucalyptus, gardénia, lotus, myrrhe, narcisse, œillet, ravintsara, violette.

Travail/argent

Créativité : cardamome, musc, verveine.

Succès : mandarine, menthe, ylang-ylang.

Argent : bergamote, camomille, chèvrefeuille, gingembre, patchouli, pin, thym, verveine.

Spiritualité

Bannissement : cade, camphre, pin, vétiver.

Méditation : bois de rose, bois de santal, jacinthe, jasmin, myrrhe, magnolia, noix de muscade.

Protection : myrrhe, narcisse, niaouli, patchouli, sauge.

Pouvoirs psychiques : acacia, bois de rose, bois de santal, cannelle, clou de girofle, cyprès, fenouil, héliotrope, jasmin, lavande, myrrhe, olive, romarin.

☾ Mes huiles essentielles de prédilection

L'acacia développe les facultés psychiques, il est généralement utilisé pour oindre les objets de son autel. Il s'utilise également en huile corporelle afin d'obtenir une parfaite purification.

L'ail apporte le pouvoir de protection, il repousse les ondes négatives.

L'aloès produit des ondes positives qui nous renforcent et nous protègent.

Le basilic favorise l'entente familiale. En mélange, il encourage le bonheur et aide à trouver la paix.

Le bois de santal développe nos capacités de voyance et notre intuition. Il joue un rôle important pour communiquer avec l'invisible.

Le bouleau est idéal pour la stabilité de nos relations amoureuses.

La camomille appelle l'argent et la paix dans notre vie. Elle favorise également la méditation.

Le camphre aide à régler des problèmes liés à des conflits ou événements de la vie non résolus, des chocs émotionnels.

La cannelle protège de la malchance, libère de la colère.

La cardamome favorise notre créativité, notre fibre artistique.

Le cèdre apporte des gains matériels. Il calme et purifie, il augmente la spiritualité et harmonise les énergies.

Le citron est utilisé pour les envoûtements d'amour et de chance.

Le cyprès attire l'esprit des morts.

L'estragon provoque la passion et enflamme le désir sexuel.

L'eucalyptus protège des mauvais esprits et permet une meilleure communication avec ces derniers.

Le fenouil accroît les facultés mentales et donne du courage.

La lavande protège des dissensions entre époux, apporte calme et sérénité au foyer.

La menthe poivrée aide à la réalisation d'une entreprise. Elle se charge de la fatigue, des nerfs fragiles et irritables.

Le myrte aide au sevrage tabagique et à l'équilibre psychologique.

Le néroli combat le stress, les insomnies, la tension nerveuse, les crises d'angoisse, le trac et tout autre symptôme de l'anxiété.

Le niaouli protège contre les mauvaises ondes.

Le pamplemousse permet de faire face à la vie.

Le patchouli apporte la paix à la maison, calme les perturbations. Il est reconnu pour repousser les personnes qui pourraient nous causer des ennuis. On lui reconnaît également des vertus aphrodisiaques.

Le ravintsara, à prononcer « ravtsare », est l'une des huiles essentielles les plus utilisées à Madagascar. Il permet de lutter contre les insomnies et l'épuisement du système nerveux, mais c'est également une super-huile contre les maux de l'hiver.

Le romarin facilite les rêves prophétiques et prémonitoires.

La rose favorise la télépathie, attire l'amour. Elle fait circuler les sentiments d'affection et d'amour, apporte la sérénité, rend les autres plus réceptifs à notre égard.

Le santal apporte la paix, le bonheur, sert aux réconciliations.

La sarriette attire la chance, la prospérité, la gloire.

La sauge protège des sortilèges et des maléfices.

Le tea tree permet d'éliminer la confusion. Il apporte la paix et l'harmonie.

Le thym attire l'argent.

La vanille suscite le désir sexuel et apporte la joie.

L'ylang-ylang apporte la force et la puissance pour rechercher un emploi. Il combat l'inquiétude, les insomnies et la frigidité.

☾ Recettes des huiles magiques élémentaires

Les huiles magiques sont un concentré de l'amour, de la patience et de l'intention que vous y mettrez. Elles ont une dimension presque poétique. En effet, ces mixtures vous permettront de vous exprimer dans vos rituels en vous enivrant d'odeurs mystiques et de textures onctueuses. Vous pouvez associer les propriétés des herbes, des fleurs, des pierres ou de toute autre merveille que vous trouverez et les laisser macérer. Ou, plus simplement comme dans les recettes que je vous propose ici, mélanger des huiles essentielles. La combinaison de ces huiles va provoquer un effet plus puissant qu'en les utilisant seules. Ensemble elles vont créer un composé chimique différent, qui va accroître leur pouvoir. On appelle ça le « mélange synergique ». C'est pourquoi il est important, lorsque vous ferez vos mélanges, de toujours bien vous servir d'une huile de base neutre. Une huile qui n'a fondamentalement aucun arôme ou presque et qui peut être employée pour diluer les huiles essentielles fortement concentrées.

En voici une liste non exhaustive :

- Huile d'amande douce
- Huile de pépins de raisin
- Huile de noisette
- Huile d'olive
- Huile de tournesol
- Huile de sésame

QUE LA MAGIE COMMENCE

- Placez l'huile de base de votre choix dans un contenant en verre. J'apprécie pour ma part les petites fioles. En plus d'être esthétiques, elles conviennent davantage à notre utilisation, puisque les huiles magiques ne se conservent que très peu de temps.
- Ajoutez les huiles essentielles suivant la recette choisie.
- Visualisez l'objectif de votre mélange.
- À chaque fois que vous ajoutez un ingrédient, tournez le récipient dans le sens du soleil jusqu'à ce que le mélange soit homogène. N'utilisez ni cuillère ni un autre ustensile, contentez-vous de tourner la fiole.

- Consacrez le mélange et faites-le reposer dans un endroit sombre pendant 7 jours. Ensuite, conservez-le comme une huile essentielle : loin de la chaleur et de la lumière.

Attention, les huiles magiques ne sont pas faites pour être appliquées sur la peau. Elles vous serviront en revanche dans certains rituels pour oindre vos bougies et amulettes. De cette manière, renforcez vos mélanges d'encens ou d'encres dans leurs missions magiques. Vous pouvez aussi les utiliser pour purifier l'air en mettant quelques gouttes dans un diffuseur, un cercle à lampe ou dans 100 ml d'eau que vous disposerez sur un radiateur. Ou encore pour nettoyer un espace en ajoutant quelques gouttes dans vos détergents.

Huile magique pour attirer l'argent

30 ml d'huile neutre

3 gouttes d'huile essentielle de vétiver

2 gouttes d'huile essentielle de patchouli

1 goutte d'huile essentielle de gingembre

Huile magique pour appeler votre guérison

30 ml d'huile neutre

7 gouttes d'huile essentielle de néroli

4 gouttes d'huile essentielle d'eucalyptus

2 gouttes d'huile essentielle de pin

Huile magique pour vos amours

30 ml d'huile neutre

6 gouttes d'huile essentielle d'ylang-ylang

5 gouttes d'huile essentielle de palmarosa

3 gouttes d'huile essentielle de lavande

2 gouttes d'huile essentielle de géranium

Huile magique pour votre protection

30 ml d'huile neutre

5 gouttes d'huile essentielle de poivre noir

5 gouttes d'huile essentielle de petit grain

2 gouttes d'huile essentielle de géranium

Huile magique pour développer votre spiritualité

30 ml d'huile neutre

7 gouttes d'huile essentielle de bois de santal

4 gouttes d'huile essentielle de cèdre

1 goutte d'huile essentielle d'oliban

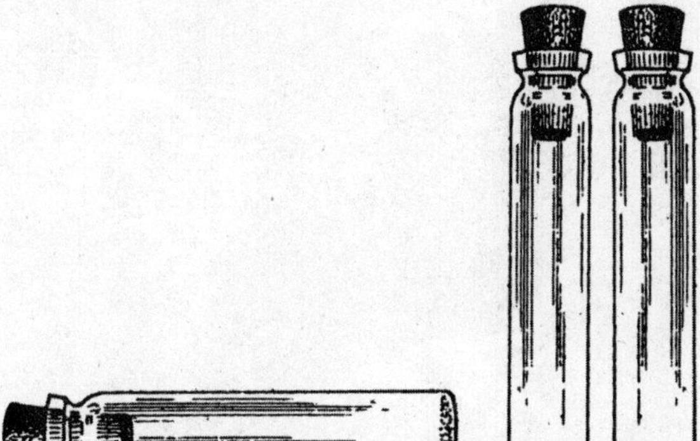

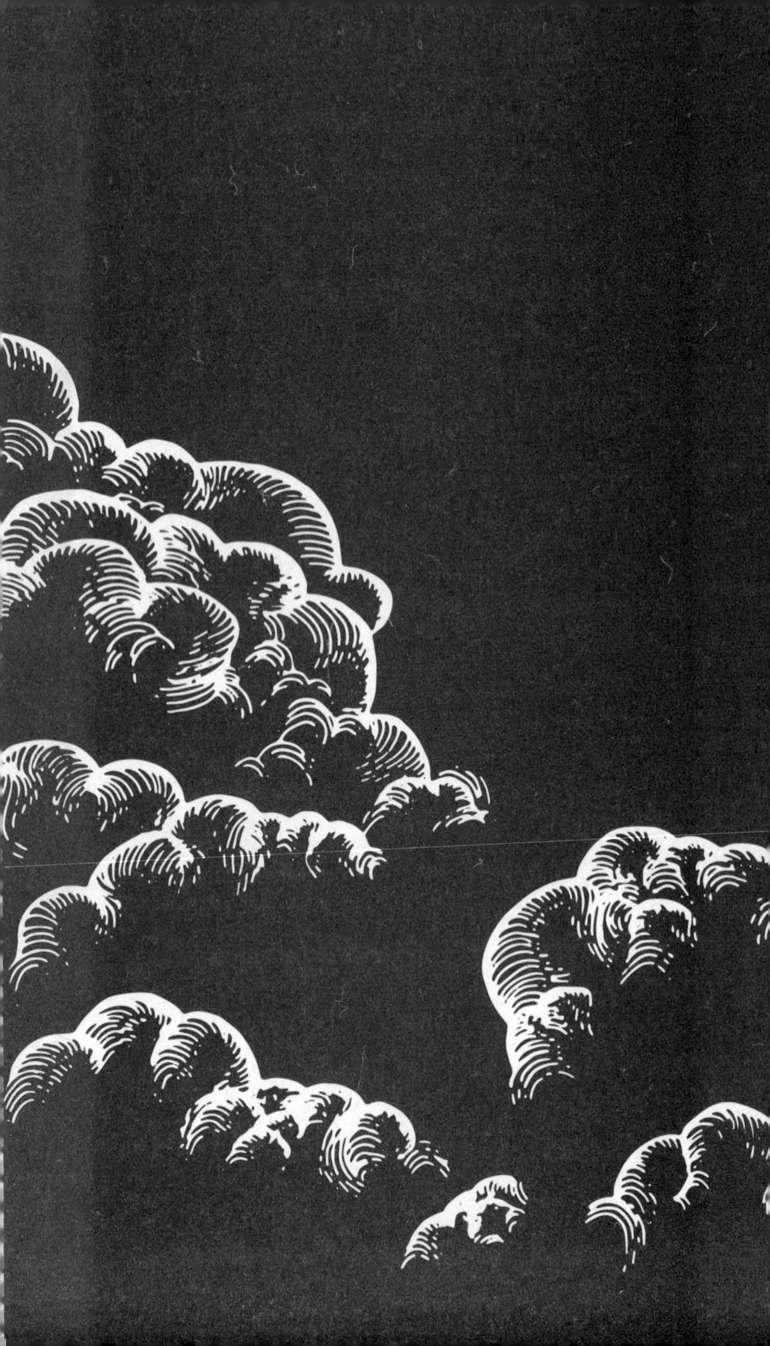

PARTIE 2

50 SORTS POUR RÉVÉLER VOTRE FÉMININ PUISSANT

PRÉCEPTES D'UN SORT RÉUSSI

- Vérifiez les précautions d'usage et les contre-indications des huiles essentielles et produits que vous utilisez.
- Assurez-vous de n'avoir aucune distraction et cela tout au long de votre rituel (enfant, mari, femme, colocataire ou autre personne susceptible de vous importuner).
- Éteignez votre téléphone portable.
- Lavez-vous bien les mains ou prenez un bain purificateur.
- Tamisez les lumières.
- Choisissez une musique instrumentale d'ambiance si cela vous aide à entrer dans un état méditatif.
- Préparez votre autel afin d'avoir toujours tous vos outils à portée de main.
- Consacrez votre cercle de protection.
- Ancrez-vous et invoquez votre pouvoir.
- Sentez-vous libre de chanter ou de danser.
- Pensez à sonner le début et la fin de votre rituel avec une cloche.

I
BIEN-ÊTRE

AIMEZ VOTRE CORPS

Momentum : lune croissante

Je partage avec vous ce rituel puissant. En le pratiquant, vous allez peu à peu porter sur vous un regard bienveillant, tendre, et apprendre à aimer votre corps. C'est le plus beau des cadeaux que vous pouvez vous faire !

CE DONT VOUS AUREZ BESOIN

- *1 tapis de yoga ou 1 serviette*
- *1 miroir en pied*
- *1 bougie rose*
- *Des allumettes*
- *1 stylo*
- *2 petits morceaux de papier*
- *1 c. à soupe d'huile de coco*
- *1 grosse pincée de cannelle*
- *1 petit bol*

QUE LA MAGIE COMMENCE

- Commencez par mettre de la musique instrumentale. Installez le tapis de yoga ou la serviette devant le miroir.
- Mettez-vous nue ou en sous-vêtements. Étirez-vous, respirez, prenez conscience de votre corps. Sentez-vous belle.

- Allumez la bougie rose et placez-la devant le tapis. Elle représente la transition vers l'amour et l'acceptation de soi.
- Prenez le stylo et un morceau de papier et écrivez 3 choses que vous n'aimez pas chez vous. Pliez-le et placez-le dans votre dos.
- Ouvrez votre main gauche et, dans votre paume, versez l'huile de coco puis saupoudrez la cannelle. Enduisez ensuite votre index du mélange et faites-le glisser sur votre peau en traçant un chemin qui relie les zones sensibles que vous visez : cela peut être vos cuisses, votre ventre, votre poitrine ou encore votre nez.
- Lorsque vous avez fini, regardez-vous dans le miroir. Fermez les yeux et visualisez votre corps. Dites à voix haute :

MERCI DE ME PORTER DANS CE MONDE
À PRÉSENT JE PRENDRAI SOIN DE TOI
QU'IMPORTE SI JE SUIS MINCE OU RONDE
EN CE CORPS JE RETROUVE LA FOI

- Lentement, parcourez votre corps de vos mains. Ce faisant, ancrez-vous dans le moment présent, chassez toute pensée négative et soyez bienveillante envers vous-même.
- Ouvrez les yeux. Écrivez 3 choses que vous aimez chez vous sur un nouveau morceau de papier. Pliez-le et placez-le devant vous.

- Déchirez la liste négative en morceaux et jetez-la à la fin du sort.
- À présent, mettez la liste positive sur votre autel et terminez le sort en disant à haute voix :

QU'IL EN SOIT AINSI

- Et maintenant, faites-vous du bien ! Prenez une longue douche pour rincer le mélange de cannelle et d'huile. Prenez soin de votre corps et acceptez-le pleinement, il a tellement à vous offrir et à offrir au monde. Buvez un verre de vin, dégustez un bon repas, regardez votre série préférée ou ouvrez un bon livre !

REMONTEZ-VOUS LE MORAL

Momentum : lune décroissante

Il y a des moments dans la vie où on manque d'énergie, où affronter même les petits tracas du quotidien semble insurmontable. Ce rituel est fait pour vous aider à vous débarrasser des énergies négatives et à retrouver la sérénité.

CE DONT VOUS AUREZ BESOIN

- *1 bougie blanche*
- *De l'encens de votre choix*
- *Des allumettes*
- *1 pièce trouée*
- *1 athamé*
- *De l'huile de sauge*
- *1 petit pochon en velours*
- *1 racine d'angélique*
- *1 brin de romarin*

QUE LA MAGIE COMMENCE

- Allumez la bougie et l'encens.
- Prenez la pièce trouée.
- À l'aide de l'athamé, gravez votre initiale sur la pièce, puis répétez cette incantation par 3 fois :

QUE CETTE PIÈCE PORTEUSE DE CHANCE
M'APPORTE UNE JOIE IMMENSE
QU'ELLE ABSORBE CE QUI ME RONGE
LE BONHEUR N'EST PLUS UN SONGE

- Faites tomber 1 goutte d'huile de sauge sur la pièce.
- Placez la pièce dans le pochon ainsi que la racine d'angélique et le brin de romarin, et imprégnez-le de la fumée d'encens.
- Visualisez-vous heureuse et en pleine possession de votre vie.
- Passez par 3 fois le pochon au-dessus de la bougie afin de le charger de la force de la flamme.
- Achevez le sort en disant à haute voix :

QU'IL EN SOIT AINSI

- Gardez le pochon au plus près de vous pendant 1 semaine. Vous ne devriez pas tarder à ressentir les bienfaits du sort. Afin que son effet perdure, rechargez régulièrement votre talisman simplement en allumant une bougie et en en dirigeant l'énergie guérisseuse sur votre pochon. Vous pouvez également réaliser ce sort pour quelqu'un de votre entourage.

CONTRÔLEZ VOTRE COLÈRE

Momentum : pleine lune

Dans certaines situations du quotidien (un collègue cavalier, une femme qui vous double dans la queue du supermarché, une dispute avec votre partenaire), il n'est pas toujours simple de garder son calme. Voilà un sort qui vous permettra d'apprivoiser votre colère et d'en faire une force !

CE DONT VOUS AUREZ BESOIN

- *1 bougie noire*
- *Des allumettes*
- *1 feuille*
- *1 stylo*
- *1 chaudron ou 1 récipient supportant la chaleur*
- *1 pierre œil-de-tigre*

QUE LA MAGIE COMMENCE

- Préparez votre autel en plaçant devant vous tous les ingrédients et les ustensiles listés ci-dessus.
- Commencez par allumer la bougie.
- Puis écrivez une lettre à la personne contre qui vous êtes en colère, y compris vous-même. Soyez vraiment honnête et ne lésinez pas sur les détails. En exprimant ainsi par écrit votre ressentiment, votre indignation, vous lui donnez corps et vous le délivrez de votre subconscient.

- Une fois que vous avez écrit tout ce que vous avez sur le cœur, brûlez la lettre dans le chaudron.
- Prenez la pierre œil-de-tigre et dites à haute voix :

JE DÉCIDE AUJOURD'HUI MÊME
D'APPRIVOISER LA TEMPÊTE
JE LIBÈRE DE CE PROBLÈME
AINSI MON CORPS ET MA TÊTE

- Reposez la pierre et éteignez la bougie.
- Terminez votre rituel en disant à haute voix :

QU'IL EN SOIT AINSI

DISSIPEZ VOTRE SENTIMENT D'ENVIE

Momentum : lune décroissante

Vous avez l'impression que les autres ont une vie plus cool que la vôtre ? Vous trouvez unetelle plus belle, plus aimée, plus douée et ça vous énerve ? Pour vivre pleinement votre vie, recentrez-vous sur vous et vos accomplissements grâce à ce rituel puissant.

CE DONT VOUS AUREZ BESOIN

- *1 bol d'eau*
- *2 gouttes d'huile essentielle d'ylang-ylang*
- *4 bougies bleues*
- *1 bougie blanche*
- *De l'encens de sauge*
- *1 feuille d'acacia*
- *1 pierre de tourmaline noire*
- *Des allumettes*
- *1 photo d'une personne que vous enviez, ou qui cristallise ce sentiment*
- *1 photo de vous*
- *1 petit pochon en velours*

QUE LA MAGIE COMMENCE

- Tout d'abord, purifiez-vous en vous lavant les mains dans un bol d'eau et d'huile essentielle d'ylang-ylang.

- Consacrez votre cercle en plaçant les bougies bleues à chaque point cardinal et la bougie blanche devant vous. Placez l'encens à la gauche de la bougie blanche, puis positionnez la feuille d'acacia et la pierre de tourmaline à sa droite.
- Allumez toutes les bougies et l'encens.
- Juxtaposez face à face la photo de la personne que vous enviez et votre photo et passez-les ensemble dans la fumée d'encens. Imaginez que la fumée purifie toutes les énergies négatives que vous envoyez à cette personne et à vous-même.
- Prenez entre vos mains la feuille d'acacia et la pierre de tourmaline noire et récitez 3 fois :

LIBÈRE-MOI DE CES CHAÎNES
ELLES ME CAUSENT BIEN DES PEINES
QUE ME QUITTE L'ENVIE
JE N'EN VEUX PLUS ICI

- Terminez le rituel en disant à haute voix :

QU'IL EN SOIT AINSI

- Laissez l'encens et les bougies se consumer totalement.
- Placez ensuite la feuille, la pierre et les photos dans le petit pochon en velours et gardez-le sur vous quelques jours, jusqu'à ce que le sentiment d'envie disparaisse.

CONNECTEZ-VOUS À VOTRE ENFANT INTÉRIEURE

Momentum : pleine lune

Vous connecter à votre enfant intérieure est crucial pour apprendre à exprimer vos émotions et vos besoins. On oublie souvent l'enfant que l'on a été, or se souvenir de ses rêves d'enfant, entendre ce qui lui fait défaut, la rassurer permet de développer sa joie intérieure – et donc la vôtre ! Ce rituel est particulièrement fort en émotions et il peut dérouter, mais très vite, vous vous sentirez de plus en plus libre de parler.

CE DONT VOUS AUREZ BESOIN

- 1 bougie bleue
- De l'encens dont l'odeur vous rappelle votre enfance
- Des allumettes
- 1 poupée ou 1 doudou vous ayant appartenu ou vous rappelant celle que vous étiez
- 1 bassine d'eau salée
- 1 linge blanc (type lange)

QUE LA MAGIE COMMENCE

- Allumez la bougie et l'encens.
- Pensez à la petite fille que vous étiez autrefois, puis choisissez un souvenir d'enfance particulièrement agréable.

- Prenez la poupée sur vos genoux comme si c'était une enfant et parlez-lui ; appelez-la par le surnom que l'on vous donnait, puis présentez-vous et expliquez-lui que vous êtes son pendant adulte. Dites-lui qu'elle vous manque, puis serrez-la dans vos bras.
- À présent, dites-lui tout ce que vous auriez eu besoin d'entendre quand vous étiez petite. Complimentez-la. Imaginez qu'elle réagit à ce que vous lui dites en répondant avec votre voix d'enfant. Peut-être a-t-elle un avis sur votre vie actuelle. Acceptez ce qu'elle a à vous dire, sans vous en offusquer.
- Ensuite, nettoyez la poupée avec l'eau salée pour la purifier des éventuelles énergies négatives du passé ou de ce qui l'atteint dans le présent, autrement dit de ce qui atteint votre « vous » adulte.
- Prenez un moment pour réajuster vos énergies avec la méthode que vous maîtrisez le mieux : méditation, relaxation, yoga kundalini… Se libérer de certaines énergies et se reconnecter à l'enfance peut provoquer des fous rires ou des flots de larmes ; si cela se produit, lâchez prise et savourez ce moment.
- Une fois que vous avez retrouvé une certaine sérénité, reprenez la poupée et regardez-la prendre vie sous vos yeux.

- Emmaillotez-la dans le linge blanc et embrassez-lui le front.
- Achevez votre rituel en disant à haute voix :

QU'IL EN SOIT AINSI

- Laissez la bougie se consumer jusqu'au bout. Respirez profondément le temps de reprendre vos esprits. Portez un regard appréciateur sur la personne que vous êtes devenue, grâce aux choix que vous avez faits jusqu'à présent. Puis posez-vous cette question : que devez-vous changer à votre vie pour satisfaire l'enfant avec laquelle vous venez de communier ?
- Enfin, quittez votre cercle de protection et rangez votre poupée précieusement.

CHANGEZ D'APPARENCE

Momentum : pleine lune

Vous aimeriez parfois changer quelque chose chez vous ? Vous sentir plus grande, plus forte, plus cool ou plus sexy ? Voici un sort qui devrait attirer votre attention. Le regard que vous portez sur vous-même est déterminant quant à ce que vous allez déclencher dans le regard des autres.

CE DONT VOUS AUREZ BESOIN

- 1 bol
- 1 serviette
- 30 gouttes d'huile de carotte
- 10 ml d'huile de rose musquée
- 8 ml d'huile d'argan
- 10 ml d'huile d'onagre
- 15 gouttes d'huile essentielle d'encens
- 10 gouttes d'huile essentielle de rose de Damas
- 1 fiole
- 1 athamé
- 1 bougie noire
- 1 bougie blanche
- Des allumettes
- 1 bouteille d'eau minérale

QUE LA MAGIE COMMENCE

- Mélangez d'abord dans un bol les huiles neutres (huiles de carotte, de rose musquée, d'argan, d'onagre), puis ajoutez-y les huiles essentielles (huiles essentielles d'encens, de rose de Damas). Versez le mélange dans la fiole.

- À l'aide de l'athamé, gravez sur la bougie noire les mots-clés de la description que vous faites de vous-même (par exemple, « petite ») et sur la bougie blanche les mots-clés de ce que vous souhaitez devenir (par exemple, « grande »).
- Placez les deux bougies côte à côte et allumez-les.
- Ensuite, rincez votre visage ou la partie du corps à transformer avec l'eau minérale, puis essuyez-le avec une serviette.
- Appliquez quelques gouttes du mélange d'huiles sur votre peau parfaitement propre et sèche.
- Placez-vous à la lumière des bougies en répétant à haute voix :

FLAMME QUI DANSE, J'AI LA CROYANCE
DE MODIFIER MON APPARENCE
FLAMME QUI CRÉPITE, JE COMMANDITE
LA PRESTANCE QUE JE MÉRITE

- Éteignez les bougies et faites couler la cire de la bougie blanche sur la bougie noire.
- Terminez votre rituel en disant à haute voix :

QU'IL EN SOIT AINSI

- En allant vous coucher, visualisez les changements que vous voulez opérer, et vous les verrez dans le miroir le lendemain matin !

II
DÉVELOPPEMENT
PERSONNEL

ATTIREZ LE SUCCÈS

Momentum : lune croissante

Courageusement, vous vous êtes déjà plusieurs fois lancée dans des projets qui n'ont pas abouti, et un sentiment persistant d'échec commence à vous freiner dans vos ambitions. Inversez les influences que vous émettez et modifiez radicalement votre rapport à la réussite grâce à ce rituel. Le succès et les honneurs viendront vers vous comme par enchantement !

CE DONT VOUS AUREZ BESOIN

- 1 bougie verte
- 1 bougie violette
- 1 pendentif (choisissez-en un que vous affectionnez ou que vous trouvez juste joli car il deviendra votre porte-bonheur)
- 1 chaîne (collier)
- Des allumettes

QUE LA MAGIE COMMENCE

- D'abord, choisissez une pièce spacieuse où vous pouvez déambuler à votre guise.
- Placez la bougie verte à un bout de la pièce, et la violette à l'opposé.

- Enfilez le pendentif sur la chaîne et enroulez celle-ci autour de votre main droite. C'est votre talisman.
- Allumez la bougie violette et dirigez-vous avec, en ligne droite, d'un pas lent mais déterminé, vers la bougie verte.
- Avec la bougie violette, allumez la bougie verte et placez-les côte à côte. Dites à haute voix :

J'AVANCE DANS LA VIE SANS DOUTES
LE SUCCÈS CROISE ENFIN MA ROUTE
JE NE SERAI PLUS DÉSARMÉE
IL M'ACCOMPAGNE DÉSORMAIS

- Faites balancer votre talisman comme un pendule dans la flamme des deux bougies et visualisez le succès que vous souhaitez obtenir.
- Lorsque vous sentez que votre pendentif est chargé en énergie, accrochez le talisman autour de votre cou.
- Laissez les bougies se consumer complètement et dites à haute voix pour achever votre rituel :

QU'IL EN SOIT AINSI

- Portez le bijou sur vous dans les moments cruciaux : entretien d'embauche, audition, examen, etc.

ATTIREZ LA CHANCE

Momentum : premier quartier de lune

Si vous attendez une réponse pour un nouveau travail, un prêt ou encore une place en crèche pour votre enfant, ce rituel vous donnera un petit coup de pouce en appelant la chance à se placer dans vos rangs.

CE DONT VOUS AUREZ BESOIN

- *1 petite casserole*
- *100 g de cire vierge*
- *1 chauffe-plat à bougies*
- *1 bougie dorée*
- *Des allumettes*
- *1 coupelle*
- *2 photos d'identité de vous*
- *1 trèfle à quatre feuilles*
- *1 pochon en velours*
- *Des gants de ménage*

QUE LA MAGIE COMMENCE

- Avant de préparer votre cercle de protection et votre autel, faites fondre la cire dans la casserole. Un fois que la cire est suffisamment liquide, placez la casserole au-dessus du chauffe-plat à bougies.
- Allumez la bougie dorée, puis éteignez toutes les autres sources de lumière de la pièce.

Concentrez-vous sur les mouvements de la flamme et prenez quelques instants pour penser à des choses positives. Cela peut être un élément agréable de votre journée (un repas, un coup de téléphone...), un souvenir de vos dernières vacances. N'importe quelle pensée qui vous soit agréable.

- Versez la moitié de la cire liquide dans la coupelle. Formez une première couche, fine, d'une circonférence suffisante pour qu'elle puisse accueillir la photo. Patientez 1 minute pour laisser la cire se figer.
- Posez la première photo sur la couche de cire, face cachée, puis le trèfle à quatre feuilles et enfin la seconde photo, face en haut.
- Versez maintenant l'autre moitié de la cire chaude pour former une seconde couche. Il faut que les bords des deux couches se touchent et se soudent.
- Laissez refroidir le disque de cire. Ensuite, prenez-le entre votre pouce et votre index. Levez-le au-dessus de votre tête et prononcez 3 fois à haute voix :

VOLO FELECITATEM IN VITA HABERE
QUE CES QUELQUES MOTS EN LATIN
ATTIRENT LA CHANCE SUR MON CHEMIN

- Achevez le sort en disant à haute voix :

QU'IL EN SOIT AINSI

- Mettez le disque de cire dans le pochon et gardez-le dans votre sac pendant 1 semaine. Le 8e jour, faites fondre la cire, récupérez les deux photos, et à l'aide des gants, déchirez-les en petit morceaux. Jetez ensuite le tout à la poubelle.

DOPEZ VOTRE CONFIANCE EN VOUS

Momentum : pleine lune

Vous manquez de confiance en vous et vous avez souvent tendance à vous dévaloriser aux yeux des autres ? Ce sort rappellera au monde et à vous-même à quel point vous êtes géniale !

CE DONT VOUS AUREZ BESOIN

- 1 miroir (de préférence en pied)
- 1 bougie violette
- 1 bougie blanche
- 1 bougie jaune
- Des allumettes
- 1 feuille
- 1 stylo
- Quelques gouttes de votre huile essentielle préférée

QUE LA MAGIE COMMENCE

- Il est préférable de lancer ce sort un dimanche soir ou à la pleine lune.
- Consacrez votre cercle de protection, puis installez-vous en son centre.
- Placez le miroir et les bougies devant vous : la violette à gauche, la blanche au milieu et la jaune à droite.
- Allumez les bougies et éteignez toutes les autres sources de lumière de la pièce.

- Tout en vous regardant dans le miroir, énumérez vos qualités à voix haute et écrivez-les sur la feuille. Donnez toutes les réponses qui vous viennent à l'esprit, même celles qui paraissent anecdotiques.
- Appliquez l'huile essentielle sur votre front, vos poignets et votre cou.
- Méditez quelques minutes sur ce que vous avez écrit et répétez plusieurs fois les qualités que vous trouvez importantes. Peu à peu, vous serez envahie par un sentiment d'accomplissement.
- Alors, dites à haute voix en vous regardant droit dans les yeux :

JE RECONNAIS MES QUALITÉS
JE VOIS MES ACCOMPLISSEMENTS
JE SUIS UNE BELLE ENTITÉ
EN DEHORS ET EN DEDANS

- Achevez votre rituel en disant :

QU'IL EN SOIT AINSI

- Laissez les bougies se consumer complètement. Conservez cette feuille dans un endroit sûr ou placez-la sous votre oreiller. Relisez la liste de vos qualités tous les soirs avant de vous coucher et tous les matins au réveil, tant que vous le jugerez nécessaire.

DÉVELOPPEZ VOS TALENTS

Momentum : lune croissante

Peut-être adorez-vous chanter depuis l'enfance dans l'intimité de votre salle de bains ? Peut-être créez-vous dans votre tête un tas de choses que vous n'osez montrer à personne ? Ce sort permet de développer un talent existant jusqu'à son plein potentiel.

CE DONT VOUS AUREZ BESOIN

- *1 bougie verte*
- *Des allumettes*
- *1 petit pochon en velours vert*
- *1 brindille de cèdre*
- *1 poignée d'aiguilles de pin*
- *1 feuille de laurier*
- *1 pincée de cannelle en poudre*

QUE LA MAGIE COMMENCE

- Préparez votre autel en plaçant devant vous tous les ingrédients et les ustensiles listés ci-dessus.
- Allumez la bougie et éteignez toutes les autres sources de lumière de la pièce.
- Concentrez-vous sur la flamme quelques minutes, puis récitez 3 fois :

ENFOUI TOUT AU FOND DE MOI
SOMMEILLE UN TALENT SECRET
IL N'EST PLUS AU BON ENDROIT
ET DOIT MAINTENANT S'EXPRIMER

- Terminez l'incantation en disant, toujours à haute voix :

QU'IL EN SOIT AINSI

- Laissez la bougie se consumer jusqu'au bout pendant que vous mettez dans le pochon les aiguilles de pin, le cèdre, le laurier et la cannelle.
- Conservez cette amulette sous votre oreiller toute la nuit.
- Puis enterrez soigneusement le contenu du pochon à l'extérieur (dans votre jardin, un parc ou un champ) et, ce faisant, visualisez-vous alors que votre talent s'apprête à fleurir.

DÉVELOPPEZ VOTRE PUISSANCE

Momentum : pleine lune

Vous êtes une personne merveilleuse mais vous n'en avez pas forcément pleinement conscience. Il est temps que vous fassiez grimper votre jauge de confiance pour laisser s'exprimer votre plein potentiel. Il n'est bien sûr pas question de prendre le pouvoir sur autrui, mais plutôt de laisser s'exprimer votre intégrité, votre authenticité, le meilleur de vous-même.

CE DONT VOUS AUREZ BESOIN

- *La carte du Bateleur*
- *1 c. à café d'huile essentielle de jasmin*
- *1 bougie jaune*
- *1 bougie rouge*
- *1 bougie noire*
- *1 bougie verte*
- *Des allumettes*
- *1 poignée de romarin*
- *Quelques pétales de rose*
- *1 bougie violette*

QUE LA MAGIE COMMENCE

- Tracez votre cercle et préparez votre autel comme suit.
- Placez la carte du Bateleur devant vous de manière à bien la voir durant le rituel. Le

bateleur suggère de faire confiance à votre imaginaire et de vous laisser guider par la visualisation. Dans ce sort, il vous aidera à faire ressortir votre pouvoir.

- Badigeonnez les bougies avec l'huile de jasmin. Placez-les ensuite aux 4 points cardinaux de votre cercle de protection en fonction de leurs couleurs et des éléments auxquels elles correspondent : la bougie jaune sur l'air à l'est, la rouge sur l'élément feu au sud, la noire sur l'eau à l'ouest, la verte sur l'élément terre au nord. Puis allumez les bougies afin d'invoquer la puissance des éléments.
- Mélangez et écrasez le romarin et les pétales de rose dans le chaudron.
- Placez ensuite la bougie violette devant vous et allumez-la en disant à haute voix :

J'EN APPELLE À MON POUVOIR
QU'IL GRANDISSE EN CET INSTANT
SA FORCE EST MON ÉTENDARD
QUI ME GUIDERA VERS L'AVANT

- Répétez une nouvelle fois l'incantation et servez-vous de la bougie violette pour enflammer le mélange d'herbes.
- Prononcez l'incantation une 3e et dernière fois.
- Méditez, visualisez-vous forte et confiante, certaine de votre puissant pouvoir. Vous

pouvez prendre la carte du Bateleur dans vos mains si vous le souhaitez. Sentez le pouvoir vous envahir en effectuant de profondes respirations les yeux fermés. Maintenez votre visualisation le plus longtemps possible. Sentez-vous flotter.

- Éteignez ensuite les bougies et fermez votre cercle.
- Terminez le sort en disant à haute voix :

QU'IL EN SOIT AINSI

DONNEZ-VOUS DU COURAGE

Momentum : pleine lune

Aussi forte que vous soyez, il y a toujours des circonstances aux cours desquelles il est nécessaire de chercher un peu de soutien et une force positive pour accomplir vos projets, affronter des événements ou une période particulièrement difficiles. Voici un rituel pour puiser votre puissance à l'intérieur de vous !

CE DONT VOUS AUREZ BESOIN

- *De l'encens de myrrhe*
- *Des allumettes*
- *1 cristal de quartz rose*
- *Quelques gouttes d'huile essentielle de menthe poivrée*

QUE LA MAGIE COMMENCE

- Préparez votre autel en plaçant devant vous tous les ingrédients et les ustensiles listés ci-dessus.
- Allumez l'encens de myrrhe.
- Versez l'huile de menthe poivrée dans vos mains et frottez-les pour augmenter votre pouvoir.

- De votre main la plus puissante (généralement la main avec laquelle vous écrivez), faites passer 3 fois à travers la fumée de l'encens le cristal de quartz rose.
- Levez ensuite vos mains au ciel et dites à haute voix :

QUE CETTE ÉNERGIE ME POUSSE
ET SE PORTE À MA RESCOUSSE
QUE JE M'EMPARE DE SA FORCE
QUAND LES ÉVÉNEMENTS SE CORSENT

- Terminez en disant une fois :

QU'IL EN SOIT AINSI

- Visualisez une boule d'énergie s'accumuler autour du cristal.
- Après quelques minutes, vous aurez l'intuition profonde que le cristal est chargé. Placez-le alors à côté de votre lit.
- Jusqu'à ce que vous vous endormiez, sentez qu'il canalise son énergie vers la tâche pour laquelle vous avez besoin d'un coup de pouce.
- Visualisez-vous confiante, dans un rayon de lumière émanant du cristal et vous enrobant tout entière.
- Le lendemain matin, lavez la pierre à l'eau courante et rangez-la jusqu'à ce que vous en ayez de nouveau besoin.

SACHEZ DIRE « OUI » OU « NON »

Momentum : lune croissante

Paolo Coelho a écrit : « Lorsque vous dites “oui” aux autres, assurez-vous que vous ne dites pas “non” à vous-même. » Dans la vie de tous les jours, dans vos relations, dans une chambre à coucher, apprendre à dire « oui », apprendre à dire « non », c’est apprendre à vous affirmer, à exprimer vos émotions, vos pensées, vos opinions, et à défendre vos droits. Ce rituel vous aidera à vous en servir avec force et courage.

CE DONT VOUS AUREZ BESOIN

- *1 boussole*
- *De l’encens de sang de dragon*
- *1 bougie dorée*
- *1 coupe d’eau*
- *1 pierre d’améthyste*
- *Des allumettes*

QUE LA MAGIE COMMENCE

- Commencez par consacrer votre cercle de protection.
- Positionnez l’encens de sang de dragon à l’est, la bougie dorée au sud, la coupe d’eau à l’ouest et la pierre d’améthyste au nord.

- Allumez la bougie, puis l'encens. Pour information, l'encens de sang de dragon dégage beaucoup de fumée.
- Asseyez-vous dans une position confortable au sein de votre cercle de protection, puis fermez les yeux très fort et concentrez-vous sur les battements de votre cœur.
- Imaginez que vous êtes un grand mur impénétrable, puis ajoutez-y une porte, une porte que vous seule pouvez ouvrir et refermer.
- Ensuite, ouvrez les yeux et dites à haute voix :

PAR LA TERRE, L'EAU, L'AIR ET LE FEU
J'AFFIRME SAVOIR CE QUE JE VEUX
JE SAURAI DIRE SANS COMPROMIS
S'IL S'AGIT D'UN NON OU D'UN OUI

- Refermez les yeux et visualisez dans votre main droite une clé magique qui diffuse une forte lumière, chatoyante, comme entourée d'énergie ; cette clé symbolise votre volonté.
- Dès que vous en ressentez toute la puissance, levez votre main droite et affirmez à voix haute : « OUI ».
- Ensuite, ouvrez la porte grâce à votre clé et sentez un flot de possibilités se déverser sur vous et vous apporter de la force.

- Refermez la porte et prenez un peu de recul sur le moment qui vient d'avoir lieu. Puis imaginez que vous inversez la polarité de la clé.
- Levez votre main droite et affirmez maintenant à voix haute : « NON ». Cette fois, verrouillez la porte. Vous allez alors ressentir un intense sentiment de sécurité et de plénitude.
- Fermez à nouveau les yeux, inspirez et expirez calmement, prenez conscience de cette certitude : vous êtes en possession de votre « oui » puissant et de votre « non » puissant.
- Pour achever votre rituel, éteignez la bougie dorée et l'encens et dites à haute voix :

QU'IL EN SOIT AINSI

DÉBARRASSEZ-VOUS DU SYNDROME DE L'IMPOSTEUR

Momentum : lune décroissante

Vous avez décroché un nouveau poste, un nouveau projet, et pourtant vous ne parvenez pas à vous défaire d'un doute : est-ce que vous en êtes capable ? Est-ce que vous le méritez vraiment ? Voici un rituel pour faire taire cette petite voix dans votre tête et vous redonner confiance en vous afin que vous profitiez pleinement de vos succès !

CE DONT VOUS AUREZ BESOIN

- *3 bougies blanches*
- *2 bougies noires*
- *De l'encens d'oliban*
- *Des allumettes*
- *1 poignée de terre noire*
- *1 bouteille refermable en verre transparent*
- *13 épingles*
- *13 aiguilles*
- *13 punaises*
- *13 petits clous (de préférence usagés)*
- *1 photo d'identité de vous*
- *1 poignée de grains de poivre noir*
- *1 poignée de grains de poivre blanc*
- *7 grains de café noir*
- *7 clous de girofle*

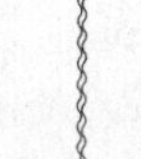

QUE LA MAGIE COMMENCE

- Installez les bougies en ligne droite – les blanches au centre, les noires à chaque extrémité – puis l'encens d'oliban tout à gauche. Allumez le tout en commençant par votre côté gauche et en finissant par votre côté droit.
- Éteignez toutes les autres sources de lumière de la pièce.
- Versez la terre noire dans la bouteille en vous concentrant. Ajoutez-y les épingles, les aiguilles, les clous et les punaises.
- Prenez la bouteille dans vos mains et levez-la vers le ciel en disant à haute voix :

QUE LES DOUTES QUI NUISENT À MON DÉVELOPPEMENT PERSONNEL
SOIENT INEXORABLEMENT ATTIRÉS PAR CETTE BOUTEILLE
ET SOIENT DÈS LORS REMPLACÉS PAR UNE CONFIANCE NOUVELLE

- Enroulez ensuite la photo, la face à l'intérieur, et mettez-la dans la bouteille.
- Ajoutez les grains de poivre noir et blanc, les grains de café et les clous de girofle.
- Passez ensuite la bouteille dans les volutes de l'encens en disant, lentement et à voix haute :

JE SUIS PLEINEMENT CAPABLE
ET JE SAURAI FAIRE FACE
JE SUIS IRREMPLAÇABLE
ET ME SENS À MA PLACE

- Fermez la bouteille et scellez-la avec la cire fondue des bougies noires. Terminez le sort en disant à haute voix :

QU'IL EN SOIT AINSI

- Posez la bouteille sur un meuble bien en vue une dizaine de jours. Passé ce délai, débarrassez-vous-en.
- Vous pouvez la jeter dans un sac hermétique ou l'enterrer loin de vous.

CHASSEZ DE VOTRE VIE UN FAUX AMI

Momentum : lune décroissante

On accorde parfois notre confiance à des gens dont la fréquentation s'avère néfaste. À rebours des véritables amis qui nous aident à surmonter les coups durs ou célèbrent avec nous les belles choses de la vie, ces êtres malfaisants découragent nos efforts, pointent nos faiblesses, sapent notre bien-être. Voici un sort qui fera disparaître leur influence pour toujours.

CE DONT VOUS AUREZ BESOIN

- *1 bougie argentée*
- *Des allumettes*
- *1 feuille de papier*
- *1 stylo rouge*
- *1 sac de congélation avec fermeture*
- *2 c. à soupe de vinaigre*
- *1 petit verre d'eau consacrée*
- *30 cm de fil rouge*
- *1 congélateur*

QUE LA MAGIE COMMENCE

- Préparez votre autel en plaçant devant vous tous les ingrédients et les ustensiles listés ci-dessus.
- Allumez la bougie.

- Sur la feuille de papier, écrivez au stylo rouge le nom de la personne que voulez voir quitter votre cercle d'amis.
- Placez la feuille dans le sac de congélation, versez le vinaigre dessus et remplissez le sac d'eau consacrée.
- Nouez le fil rouge autour du sac.
- Dites 3 fois à haute voix :

TU NE VEUX PAS MON BONHEUR
SORS DE MA VIE ET DE MON CŒUR
TU N'ES PAS UN VRAI AMI
TON INFLUENCE EST BANNIE

- Placez le sac dans le congélateur afin que le nom de la personne se fige à l'intérieur.
- Éteignez la bougie et terminez le rituel en disant :

QU'IL EN SOIT AINSI

- Conservez le sachet au congélateur jusqu'à ce que le comportement de cette personne s'améliore notablement vis-à-vis de vous ou qu'elle disparaisse totalement de votre vie.

ÉLOIGNEZ UNE PERSONNE TOXIQUE

Momentum : lune décroissante

Qui n'a jamais eu affaire à un pervers narcissique, à une personne qui se révèle manipulatrice ou tout bêtement à quelqu'un qui ne lui fait pas de bien ? Voici le sort parfait pour balayer une personne toxique de sa vie et s'en protéger.

CE DONT VOUS AUREZ BESOIN

- *1 petit miroir de salle de bains*
- *1 pincée d'armoise séchée*
- *1 pierre d'onyx*
- *1 photo ou 1 dessin de la personne que vous voulez chasser de votre vie*

QUE LA MAGIE COMMENCE

- Préparez-vous un petit autel sur une table avec le miroir, la photo, la pierre d'onyx et l'armoise.
- Placez le miroir à plat et saupoudrez-le d'armoise.
- Placez la photo face vers le bas sur le miroir de manière que le visage de la personne soit face à lui-même.

- Dites à haute voix :

TU NE PEUX PAS M'ATTEINDRE
JE N'AI PLUS À TE CRAINDRE
OUBLIE MON VISAGE
JE TOURNE LA PAGE

- Posez la pierre d'onyx sur la photo, au niveau du visage de la personne.
- Répétez encore 2 fois la formule et terminez par :

QU'IL EN SOIT AINSI

- Laissez l'autel tel quel jusqu'à ce que cette personne se soit éloignée pour de bon.

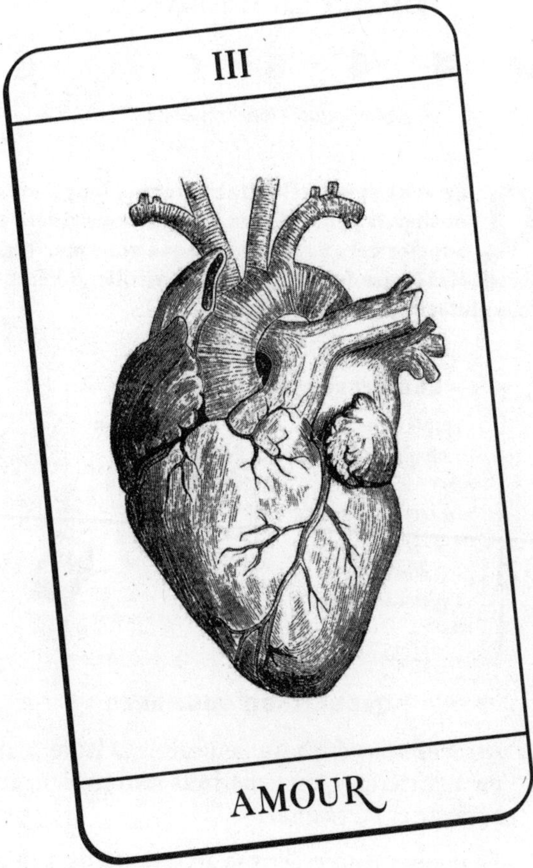
III
AMOUR

TROUVEZ L'AMOUR

Momentum : lune croissante

Que vous soyez célibataire depuis longtemps ou depuis peu, voici un sort qui vous aidera à appeler vers vous l'amour que vous méritez. Si vous êtes éprise de quelqu'un en particulier, référez-vous plutôt au sortilège suivant.

CE DONT VOUS AUREZ BESOIN

- *1 petite boîte*
- *1 marqueur ou 1 stylo rouge*
- *De l'encens de vanille ou de rose*
- *Des allumettes*
- *1 cristal de quartz rose*
- *1 branche de romarin*
- *1 objet personnel symbole de l'amour : votre poème préféré, l'alliance que vous a léguée votre grand-mère, etc.*
- *1 bougie rouge ou rose*

QUE LA MAGIE COMMENCE

- Asseyez-vous dans un lieu calme, à l'intérieur ou à l'extérieur, où vous vous sentez bien, en sécurité et puissante.
- Pour commencer, écrivez au stylo rouge sur la boîte : « L'amour est mien ».

- Allumez l'encens pour nettoyer et purifier votre environnement, mais également pour vous plonger dans un état méditatif.
- Placez le cristal de quartz rose et la branche de romarin consacrée dans la boîte et ajoutez-y l'objet personnel qui pour vous symbolise l'amour. Soyez créative !
- Visualisez-vous heureuse et amoureuse. Je vous rappelle que ce rituel a pour but d'attirer l'amour dans votre foyer et votre cœur au sens large, sans viser une personne en particulier. Laissez ces sentiments vous envahir et vous submerger.
- Allumez la bougie et dites à haute voix :

JE NE SUIS QU'AMOUR
C'EST LUI QUI DOIT ME TROUVER
PAS CELUI DES BEAUX DISCOURS
CELUI QUI ME FAIT RÊVER

- Maintenant, prenez de nouveau quelques minutes pour vous concentrer sur votre sentiment de plénitude. En recréant en pensée l'état dans lequel vous êtes quand vous êtes amoureuse, vous allez créer un courant d'énergie qui attirera ce sentiment vers vous.
- Ensuite, éteignez la bougie et placez-la dans la boîte.

- Laissez l'encens finir de se consumer si ce n'est pas déjà fait.
- Achevez le sort en disant à haute voix :

QU'IL EN SOIT AINSI

- Fermez la boîte et enterrez-la dans votre jardin, un parc ou une forêt près de chez vous, emplie des vibrations d'amour que vous avez invoquées. Ne l'ouvrez pas avant d'avoir rencontré l'amour. Alors seulement, récupérez vos effets personnels ainsi que la pierre de quartz, qui sera un rappel précieux de la réussite de votre sort.

INVOQUEZ L'AMOUR DE L'ÊTRE AIMÉ

Momentum : lune croissante

Il ou elle hante vos jours et vos nuits. Vous pensez sincèrement que vous êtes faits l'un pour l'autre, mais pourtant vous n'osez pas vous lancer ! Ce sort vous donnera le coup de pouce qu'il vous manque.

CE DONT VOUS AUREZ BESOIN

- 1 stylo rouge
- 1 feuille de papier
- 1 chaudron ou 1 récipient supportant la chaleur
- Du branchage de pommier, de cèdre ou de bouleau
- Des allumettes

QUE LA MAGIE COMMENCE

- Je vous conseille d'effectuer ce rituel de nuit.
- Préparez votre autel en plaçant devant vous tous les ingrédients et les ustensiles listés ci-dessus.
- Allumez un petit feu dans le chaudron avec par exemple du branchage et des allumettes.
- Avec le stylo rouge, dessinez un cœur sur la feuille et écrivez au centre le prénom de l'être élu par 3 fois.

- Pendant que vous écrivez, pensez fortement à ladite personne et imaginez l'amour fou qu'elle vous porte. Un amour aussi brûlant que le petit feu que vous avez allumé.
- Embrassez 3 fois le cœur dessiné.
- Jetez le papier au feu en répétant 3 fois à haute voix :

NOS CHEMINS VONT S'ENTRELACER
TON AMOUR M'EST TOUT DESTINÉ
QUE NOS CŒURS BATTENT À L'UNISSON
NOS MAINS TOUJOURS SE RETROUVERONT

- Pendant que la feuille brûle, visualisez la personne convoitée venir vers vous, amoureuse. Puis imaginez qu'elle vous étreint et vous embrasse passionnément.
- Restez concentrée quelques minutes supplémentaires sur votre scénario, puis éteignez le feu.
- Terminez le sort en disant par 3 fois à haute voix :

QU'IL EN SOIT AINSI

- Le chiffre 3 est lié à la passion et l'amour. L'utiliser dans vos incantations renforce la puissance du sort.

FAITES CROÎTRE L'AMOUR

Momentum : premier quartier de lune

Vous êtes en couple depuis peu et vous êtes amoureuse. À présent, votre souhait le plus cher est que votre relation avec votre partenaire s'épanouisse et devienne encore plus passionnée. Voici un rituel qui renforcera votre amour, et ce durablement. Il peut aussi vous aider à rompre la routine après quelques années de relation.

CE DONT VOUS AUREZ BESOIN

- *De l'encens de jasmin*
- *1 bougie rouge*
- *1 c. à soupe de sucre en poudre*
- *1 c. à café de sel marin*
- *1 bocal avec un couvercle hermétique*
- *10 gouttes d'huile essentielle de sarriette*
- *10 gouttes d'huile essentielle de romarin*
- *1 verre d'eau*
- *1 cuillère*
- *1 photo d'identité de votre partenaire*
- *1 photo d'identité de vous*
- *1 fil rouge de 30 cm environ*
- *Des allumettes*

QUE LA MAGIE COMMENCE

- Commencez par préparer votre autel : allumez l'encens de jasmin et la bougie rouge.
- Mettez le sucre et le sel dans le bocal, ajoutez les huiles essentielles de sarriette et de romarin, puis versez le verre d'eau. Mélangez bien à l'aide de la cuillère.
- Assemblez les photos face à face, bord contre bord et si possible visage contre visage.
- Enroulez-les de fil rouge, puis glissez-les dans le bocal. Refermez le récipient hermétiquement.
- Votre bocal dans les mains, concentrez-vous sur les photos, pensez intensément à votre partenaire, et prononcez 3 fois à haute voix :

NOS CŒURS SONT UNIS
DEPUIS QUELQUE TEMPS
QUE VERS L'INFINI
ILS TENDENT MAINTENANT

- Laissez la bougie et l'encens se consumer complètement, puis dites à haute voix pour achever votre rituel :

QU'IL EN SOIT AINSI

- Cachez ensuite le bocal dans un endroit à l'abri de la lumière durant un mois entier.

RENFORCEZ LA FIDÉLITÉ DANS VOTRE COUPLE

Momentum : lune croissante

Vous êtes amoureuse de votre partenaire mais, avec la routine, le stress du quotidien, les années, vous doutez parfois de la solidité de votre couple ? Pratiquer ce rituel permettra de dissiper chez lui/elle toute envie de tromperie et de rétablir l'harmonie entre vous.

CE DONT VOUS AUREZ BESOIN

- *3 bougies rouges*
- *1 athamé*
- *De l'encens d'ambre*
- *1 coupe*
- *1 philtre d'amour (voir p. 107)*
- *De l'agate blanche*
- *1 photo de votre couple*
- *1 chaîne en or (ou plaquée or)*
- *1 bague (votre alliance si vous êtes mariée)*
- *1 cuillère en métal ou 1 clochette*
- *Des allumettes*

QUE LA MAGIE COMMENCE

- Consacrez votre cercle de protection et placez-vous face au sud.
- Sur une des bougies, gravez la première lettre du prénom de votre partenaire, puis la première lettre du vôtre juste en dessous.

- Placez la bougie face à vous, et les deux autres bougies de part et d'autre.
- À leur droite, placez l'encens d'ambre, à gauche la coupe contenant le philtre d'amour, et l'agate au pied de la bougie gravée.
- Au centre du cercle, placez la photo de votre couple et déposez-y la chaîne sur laquelle vous aurez préalablement enfilé la bague.
- Pour marquer l'ouverture de la cérémonie magique, donnez un petit coup de cuillère sur la coupe contenant le philtre magique, ou utilisez la clochette.
- Allumez les bougies de gauche à droite et terminez par l'encens.
- Méditez quelques minutes, visualisez-vous accompagnée de votre partenaire et ressentez l'amour, la force et la confiance retrouvée.
- Prenez dans votre main droite la bougie avec vos initiales et faites couler quelques gouttes de cire sur la photo.
- Faites des petits cercles au-dessus de l'encens avec votre chaîne. Concentrez-vous à nouveau sur la personne aimée et ressentez la solidité de votre couple. Posez la chaîne sur la photo.
- Prenez de la main gauche la coupe contenant le philtre d'amour et buvez-en 1 gorgée. Enfin, reposez la coupe à sa place.

- Récitez la formule de fidélité :

NOTRE ALCHIMIE EST SACRÉE
TU NE SAURAS L'ABÎMER
JE RENFORCE AINSI NOS LIENS
SEUL MON LIT SERA LE TIEN

- Répétez cette incantation 3 fois de suite sans interruption, puis éteignez les bougies de droite à gauche. Fermez le rituel par 2 coups de clochette et dites à haute voix :

QU'IL EN SOIT AINSI

RAVIVEZ LA FLAMME

Momentum : pleine lune

Une relation amoureuse requiert une attention de tous les instants, et peut être mise à l'épreuve par la routine du quotidien, par un deuil, par l'arrivée d'un bébé, etc. Entretenez le désir dans votre couple et retrouvez votre complicité avec votre partenaire grâce à ce sort.

CE DONT VOUS AUREZ BESOIN

- *1 bougie rouge*
- *Des allumettes*
- *1 morceau de papier rouge*
- *1 stylo feutre noir*
- *1 enveloppe rouge*
- *1 chaudron ou tout autre récipient supportant la chaleur*

QUE LA MAGIE COMMENCE

- Préparez votre autel en plaçant devant vous tous les ingrédients et les ustensiles listés ci-dessus.
- Placez la bougie rouge face à vous et allumez-la.
- Inscrivez vos nom et prénom ainsi que ceux de votre partenaire sur la feuille de papier et entourez-les 3 fois.

- Insérez la feuille dans l'enveloppe rouge et écrivez dessus en caractères majuscules : « FEU ».
- Placez l'enveloppe sur votre cœur en récitant à haute et intelligible voix :

QUE LA FLAMME QUI DANSE
SOIT NOTRE RÉCOMPENSE
RAVIVONS LA PASSION
LES MURS EN TREMBLERONT

- Visualisez votre couple sous son meilleur jour, n'hésitez pas à faire rejaillir un moment précis où vous avez été particulièrement heureux ensemble. Ressentez le désir de votre partenaire pour vous. Sentez-vous amoureuse et pleine de fougue à son égard.
- Une fois que vous avez atteint ce sentiment, brûlez l'enveloppe en la passant dans la flamme de la bougie. À mesure qu'elle s'embrase, sentez monter la passion en vous.
- Placez ensuite l'enveloppe incandescente dans le chaudron et laissez-la se consumer complètement.
- Soufflez la bougie et dites à haute voix pour achever votre rituel :

QU'IL EN SOIT AINSI

APPELEZ UNE NUIT TORRIDE

Momentum : pleine lune

Vous avez en vous le pouvoir de déclencher le désir sexuel chez qui vous voulez et cela évidemment sans rituel ! Cela étant dit, voici un sortilège qui vous aidera à embraser ce désir chez la bonne personne et dans les meilleures conditions. Apprenez à déclencher ce désir et dirigez-le dans la bonne direction, il se peut que vous passiez quelques fabuleuses nuits blanches…

CE DONT VOUS AUREZ BESOIN

- Quelques gouttes d'huile essentielle de menthe poivrée
- 1 bougie blanche
- 3 bougies rouges
- 1 bâton d'encens de bois de santal
- 1 pierre de quartz rose
- 1 photo de la personne désirée
- Des allumettes

QUE LA MAGIE COMMENCE

- Lavez-vous les mains avec un mélange d'eau et d'huile essentielle de menthe poivrée.
- Tracez votre cercle de protection et placez vos bougies : la blanche au nord et les rouges aux autres points cardinaux.
- Placez l'encens à gauche de la bougie blanche, le quartz rose à droite et placez la photo devant elle.
- Déshabillez-vous, puis entrez nue dans le cercle magique.
- Ensuite, allumez les bougies rouges, puis terminez par la bougie blanche.
- Prenez la photo de la personne désirée dans votre main droite et invoquez son visage dans votre esprit de la manière la plus limpide possible.
- Répétez cette incantation :

J'APPELLE UNE NUIT TORRIDE
DANS LA JOIE ET LA SUEUR
MON DÉSIR SE DÉBRIDE
JUSQU'AUX PREMIÈRES LUEURS

- Éteignez d'abord les bougies rouges et terminez par la blanche.

- Quittez le cercle et laissez l'encens se consumer jusqu'au bout.
- Gardez la photo dans votre main, embrassez-la et placez-la sous votre oreiller pour la nuit.
- Une fois que vous êtes allongée confortablement, reprenez votre visualisation là où vous l'aviez laissée. Cette fois-ci, visualisez-vous avec la personne désirée. Trouvez le scénario érotique qui vous parle le plus et que vous aimeriez voir se réaliser.
- Avant de vous endormir, dites à voix basse :

QU'IL EN SOIT AINSI

RÉUSSISSEZ À QUITTER VOTRE PARTENAIRE

Momentum : lune croissante

Peu importent les raisons qui vous animent, quitter son ou sa partenaire est toujours une décision douloureuse à prendre. De plus, il peut s'avérer difficile d'échapper à son emprise. Ce rituel de désenvoûtement est fait pour vous donner la force de mettre fin à votre relation, afin d'aller de l'avant et d'entreprendre une vie nouvelle.

CE DONT VOUS AUREZ BESOIN

- *1 bougie noire*
- *1 bougie rouge*
- *1 athamé*
- *Des allumettes*

QUE LA MAGIE COMMENCE

- Préparez votre autel en plaçant devant vous tous les ingrédients et les ustensiles listés ci-dessus.
- Commencez par graver le nom de la personne que vous voulez quitter sur la bougie noire, et le vôtre sur la bougie rouge.
- Allumez la bougie rouge et, tout en regardant sa flamme, dites à haute voix :

JE TROUVE LA FORCE POUR NOUS DEUX
QUE CELA AMORCE DES JOURS HEUREUX

- Allumez ensuite la bougie noire, regardez sa flamme et dites à haute voix :

IL Y A EU L'AMOUR
PUIS LA FIN DU DÉSIR
MON CŒUR EN EST SI LOURD
JE ME DOIS DE PARTIR

- Disposez ensuite les bougies à quelques centimètres l'une de l'autre et laissez-les brûler quelques minutes.
- Pendant ce temps, visualisez-vous face à votre partenaire et dites-lui toutes les raisons pour lesquelles vous voulez rompre. Souhaitez-lui de trouver la paix de son côté.
- Terminez le rituel en disant à haute voix :

QU'IL EN SOIT AINSI

- La nuit suivante, répétez le sortilège en éloignant radicalement les deux bougies.
- Récupérez ensuite les restes et enterrez-les quelque part en extérieur.

SURMONTEZ UNE RUPTURE

Momentum : lune décroissante

Vous avez rompu il y a plusieurs mois, peut-être même plusieurs années, mais impossible de passer à autre chose. Tout vous ramène encore à votre ex-partenaire. Grâce à ce sort, exorcisez cette relation et son lot de négativité.

CE DONT VOUS AUREZ BESOIN

- *1 stylo*
- *1 chaudron ou tout autre récipient supportant la chaleur*
- *Des allumettes*
- *1 gousse d'ail*
- *1 pochon en velours rouge*
- *1 photo de votre ex-partenaire*

QUE LA MAGIE COMMENCE

- Préparez votre autel en plaçant devant vous tous les ingrédients et les ustensiles listés ci-dessus.
- Commencez par prendre la photo de votre ex-partenaire.
- Écrivez au verso de celle-ci toute la douleur que vous ressentez et vos reproches envers lui/elle.

- Placez la photo dans le chaudron et brûlez-la.
- Regardez s'envoler en fumée votre lien avec votre ex et dites à haute voix :

QUITTE MON CŒUR ET MA TÊTE
DÉLIVRE TOUTES MES PENSÉES
T'OUBLIER EST CHOSE FAITE
AINSI JE SUIS DÉLIVRÉE

- Répétez cette incantation jusqu'à ce que la photo soit réduite en cendres.
- Placez la gousse d'ail sur votre plexus solaire et visualisez vos émotions négatives s'engouffrer dans la gousse. Placez-la ensuite sur votre hypophyse (ou chahkra du 3e œil, placé entre vos deux yeux) et chargez-la de pensées positives envers votre ex.
- Puis dites à haute voix :

QU'IL EN SOIT AINSI

- Versez les cendres et la gousse d'ail dans le pochon rouge. Dès que vous le pouvez, enterrez-le loin de chez vous.
- Il est important de terminer le sort en envoyant des pensées positives et aimantes à votre ex.

SOIGNEZ VOTRE CŒUR BRISÉ

Momentum : lune décroissante

Lorsqu'une histoire se termine ou qu'un amour n'est pas réciproque, votre cœur est meurtri. Voici un sort qui vous aidera à surmonter votre chagrin d'amour et à panser vos plaies.

CE DONT VOUS AUREZ BESOIN

- *2 bougies roses*
- *1 sachet de thé à la fraise*
- *4 feuilles d'hysope*
- *3 poignées de sel de bain marin à la fraise*
- *Des allumettes*
- *10 gouttes d'huile essentielle de fraise*
- *1 bol*
- *1 c. à café de poudre de racine d'iris*
- *1 c. à café de jasmin séché*
- *1 c. à café de millefeuille*
- *1 petit pochon en velours rose*
- *1 pierre de quartz rose*

QUE LA MAGIE COMMENCE

- Avant de vous installer comme vous en avez l'habitude au centre de votre cercle de protection, je vous invite à vous rendre dans votre salle de bains pour un bain purificateur.

- Placez les bougies roses aux extrémités de la baignoire ou de part et d'autre de la cabine de douche. Pendant que l'eau coule, préparez-vous une tasse de thé à la fraise.
- Faites infuser les feuilles d'hysope et le sel de bain préalablement consacré. Si vous n'avez pas de baignoire, vous pouvez faire infuser ces deux ingrédients à la casserole et vous laver avec.
- Quand votre bain est prêt, allumez les bougies et plongez-vous dans l'eau chaude. Détendez-vous et sirotez votre thé.
- Une fois que vous vous sentez tout à fait purifiée et reposée, sortez du bain, puis tapotez quelques gouttes d'huile essentielle de fraise sur vos joues.
- Emportez les deux bougies et placez-les, allumées, sur votre autel.
- Mélangez la poudre de racine d'iris, le jasmin séché et le millefeuille dans le bol, et ce faisant, dites à haute voix :

LE MÉLANGE DANS CE BOL
DEVIENDRA MA PANACÉE
QU'IL DEVIENNE AINSI LA COLLE
QUI RÉPARE MON CŒUR BRISÉ

- Lorsque tout est parfaitement mélangé, versez la mixture dans le pochon, ajoutez-y la pierre de quartz rose et terminez le rituel en disant à haute voix :

QU'IL EN SOIT AINSI

- Conservez le sac sur vous jusqu'à la guérison complète de votre cœur.

PROFITEZ DE VOTRE CÉLIBAT

Momentum : lune décroissante

Vous n'avez pas encore rencontré celui ou celle avec qui vous avez envie de partager votre vie. Pour autant, attendre la bonne personne ne veut pas dire que vous deviez vous morfondre ! Ce sort vous aidera à vivre votre célibat à fond et à profiter de tous ses avantages.

CE DONT VOUS AUREZ BESOIN

- *1 bâton de sauge blanche*
- *Des allumettes*
- *1 diffuseur de musique*
- *1 couteau de cuisine*
- *1 feuille fraîche d'aloe vera*
- *1 grosse cuillère*
- *1 athamé*
- *1 bougie jaune*
- *1 c. à café d'huile essentielle de lavande*

QUE LA MAGIE COMMENCE

- Commencez par purifier l'espace en faisant brûler le bâton de sauge.
- Mettez la chanson que vous préférez pour danser. Poussez le volume et dansez sans

réfléchir à vos mouvements. Votre fréquence cardiaque va s'accélérer, vos muscles se contracter et vous libérer de vos tensions. Bougez dans toutes les directions, libérez votre esprit de toute pensée, connectez-vous simplement au rythme de la musique et à ce sentiment de liberté qui vous envahit.

- Lorsque vous sentez que les endorphines se sont déversées et que l'énergie est à son apogée, baissez le volume de la musique et retrouvez votre souffle.
- Ensuite, consacrez votre cercle de protection.
- Avec le couteau de cuisine, coupez la feuille d'aloe vera sur un des côtés et ouvrez-la. Utilisez la cuillère pour extraire la pulpe, puis trempez-y un doigt et dessinez un cœur sur votre troisième œil, qui se situe entre vos yeux.
- Soulevez votre tee-shirt et dessinez-en un autre sur votre cœur.
- À l'aide de l'athamé, gravez le mot « Bien » sur un côté de la bougie et les mots « Avec moi-même » sur le côté opposé.
- Enduisez la bougie d'huile essentielle de lavande, puis allumez-la.
- Fermez les yeux et connectez-vous au sentiment de liberté et de bien-être que vous a procuré la danse. Les mains sur votre poitrine, imaginez qu'une lumière dorée et chaude jaillit

de votre cœur et vous enveloppe tout entière. Vous vous sentez bien, vous êtes heureuse par vous-même.

- Prononcez à haute voix par 3 fois :

HEUREUSE ET CÉLIBATAIRE
ET SURTOUT LIBRE COMME L'AIR
JE PRENDS LA VIE COMME ELLE VIENT
SEUL IMPORTE LE CHEMIN

- Regardez la bougie se consumer lentement, visualisez le sentiment de solitude se dissiper à mesure que la bougie fond. Une fois l'exercice de visualisation terminé, prononcez à haute voix :

QU'IL EN SOIT AINSI

IV
TRAVAIL
& ARGENT

ATTIREZ L'ARGENT

Momentum : lune croissante

L'argent n'est pas une fin en soi, c'est un moyen pour atteindre l'essentiel : la réalisation de vous-même. En vous apportant l'abondance, ce rituel vous procurera la sérénité nécessaire pour consacrer votre énergie à un projet professionnel qui vous tient à cœur, à une activité artistique, etc., en somme à ce qui compte vraiment pour vous. N'oubliez jamais d'être reconnaissante et de toujours partager en redistribuant à ceux qui en ont besoin une partie de votre fortune future.

CE DONT VOUS AUREZ BESOIN

- *1 bougie verte*
- *Des allumettes*
- *1 feuille de papier*
- *1 stylo vert neuf*
- *1 chèque en blanc*
- *1 enveloppe timbrée*

QUE LA MAGIE COMMENCE

- Préparez votre autel en plaçant devant vous tous les ingrédients et les ustensiles listés ci-dessus.
- Commencez par allumer la bougie. Concentrez-vous sur les raisons pour lesquelles vous avez

besoin d'argent et sur la somme que vous souhaitez obtenir.

- Écrivez en vert sur le papier :

J'APPELLE DE MES VŒUX
LA PROSPÉRITÉ
QU'ELLE VIENNE SOUS PEU.
CELA EST MON SOUHAIT

- Puis lisez cette incantation à haute voix et de manière intelligible.
- Pliez la feuille de papier en deux, faites-vous un chèque du montant convoité et insérez le tout dans l'enveloppe.
- Inscrivez votre nom et votre adresse postale sur l'enveloppe, puis affranchissez-la. Postez l'enveloppe dans les 24 heures.
- Laissez la bougie se consumer jusqu'au bout et terminez le rituel en disant à haute voix :

QU'IL EN SOIT AINSI

- Lorsque vous recevrez l'enveloppe par la poste, conservez-la sans l'ouvrir. Brûlez-la, encore scellée, une fois que le sortilège aura fonctionné et que vous aurez obtenu la somme convoitée.

GÉREZ VOS FINANCES

Momentum : pleine lune

Vous gagnez correctement votre vie mais vous êtes un véritable panier percé ? Vous êtes souvent à court d'argent car tenir vos comptes vous terrifie ou vous ennuie profondément ? Pratiquez ce sort et reprenez le contrôle sur vos finances comme par enchantement !

CE DONT VOUS AUREZ BESOIN

- *2 clous de girofle*
- *1 bougie verte*
- *1 soucoupe*
- *1 billet de banque*
- *1 enveloppe*
- *Des allumettes*

QUE LA MAGIE COMMENCE

- Trois jours avant la cérémonie, préparez vos ingrédients : d'abord, frottez les clous de girofle, l'un après l'autre, sur la bougie verte. Déposez ensuite les clous et la bougie dans la soucoupe. Placez la soucoupe sur le billet de banque et l'enveloppe. Laissez le tout en place, sans y toucher, jusqu'à la cérémonie.

- Le soir de la pleine lune, vous pouvez commencer votre rituel. Après avoir consacré votre cercle de protection, allumez la bougie que vous avez préparée.
- Concentrez-vous sur la flamme et prononcez 3 fois à haute voix :

JE DOIS GUIDER AU PLUS VITE
MON ÉPARGNE EN DÉFICIT
JE SOUHAITE DONC AMÉLIORER
LA GESTION DE MON BUDGET

- Plantez un clou de girofle dans la bougie et laissez-le se consumer.
- Mettez le second clou de girofle ainsi que le billet de banque dans l'enveloppe et dites à haute voix :

QU'IL EN SOIT AINSI

- Placez l'enveloppe en sécurité dans un endroit que vous seule connaissez pendant 3 jours.
- Débarrassez-vous ensuite du billet de banque en le dépensant ou en l'échangeant.

RÉUSSISSEZ VOTRE ENTRETIEN D'EMBAUCHE

Momentum : lune croissante

Convaincre un recruteur de vos compétences et de vos qualités est toujours un exercice impressionnant. La puissance de ce sort vous débarrasse du stress et vous donne confiance en vos capacités pour augmenter vos chances de réussite. À vous le travail de vos rêves !

CE DONT VOUS AUREZ BESOIN

- 1 boussole
- 1 bougie blanche
- 1 bougie argentée
- 1 bougie verte
- De l'encens de cèdre
- 1 pierre d'améthyste
- 1 bol
- Quelques feuilles d'aneth
- Votre CV
- L'annonce à laquelle vous avez postulé
- Des allumettes

QUE LA MAGIE COMMENCE

- Préparez votre autel : placez au sud les 3 bougies (la blanche à gauche, l'argentée au milieu et la verte à droite) ; à l'est, l'encens de cèdre ; au nord, la pierre d'améthyste ; et remplissez le bol d'une eau infusée d'aneth.

- Placez au centre votre CV et l'annonce à laquelle vous avez postulé.
- Allumez la bougie blanche et, en vous concentrant sur la flamme, passez 1 à 2 minutes à méditer sur l'emploi que vous souhaitez décrocher.
- Visualisez l'intégralité de l'entretien, du moment de votre arrivée dans l'établissement où il se déroulera à votre départ de celui-ci : imaginez la poignée de mains que vous allez échanger avec le recruteur, la confiance avec laquelle vous entrez dans son bureau, votre éloquence en parlant de votre parcours puis en répondant aux questions… Voyez-vous réussir parfaitement votre entretien.
- Puis récitez à haute voix :

JE FERAI DE MON MIEUX
CE TRAVAIL JE LE VEUX
QUE CEUX QUI EMPLOIENT
N'AIENT D'YEUX QUE POUR MOI

- Ensuite, allumez la bougie argentée, puis la bougie verte.
- Visualisez-vous déjà en poste à votre bureau par exemple, en train d'assister à votre première réunion, d'encaisser votre première paie… Concentrez-vous sur les flammes scintillantes des 3 bougies jusqu'à ce que vous vous

représentiez ces scènes comme si elles faisaient partie de vos souvenirs vécus.

- Laissez les bougies se consumer jusqu'au bout.
- Mettez fin au rituel en disant haute voix :

JE REMERCIE LES QUATRE ÉLÉMENTS POUR LEUR AIDE ET LEUR PUISSANCE

- Puis :

QU'IL EN SOIT AINSI

METTEZ FIN AU HARCÈLEMENT

Momentum : lune décroissante

Le harcèlement a bien des visages. Qu'il soit moral ou sexuel, c'est une conduite abusive qui par des gestes, des paroles ou des comportements répétés visent à dégrader vos conditions de travail et de vie. Afin que ces pratiques n'atteignent pas votre santé psychique et physique, et ne finisse par vous détruire, voici un sort qui vous aidera à éloigner la persécution.

CE DONT VOUS AUREZ BESOIN

- 1 bougie noire
- Des allumettes
- La lame de la Justice du tarot de Marseille
- 1 paire de ciseaux
- 1 feuille blanche
- 1 stylo noir
- 1 m de fil à broder noir
- 1 poignée de sel consacré

QUE LA MAGIE COMMENCE

- Préparez votre autel en plaçant devant vous tous les ingrédients et les ustensiles listés ci-dessus.
- Placez la bougie noire au centre de votre autel et allumez-la.

- Placez à sa droite l'arcane de la Justice. Cet archétype vous apportera la puissance de sa symbolique pour se charger du patron ou du collègue persécuteur.
- À l'aide des ciseaux, coupez un petit morceau de papier dans la feuille blanche. Ensuite, écrivez le nom de votre harceleur à l'aide du stylo noir.
- Coupez maintenant le fil à broder noir en 3 segments égaux. Puis faites un nœud autour du bout de papier, que vous allez serrer fermement afin que le morceau de papier se froisse. Placez-le devant vous, au plus près de la bougie noire.
- En marchant dans le sens des aiguilles d'une montre, entourez la bougie et le morceau de papier d'un cercle de sel consacré.
- Prenez la lame de la Justice en main, fermez les yeux pendant quelques secondes pour invoquer sa puissance. Brandissez-la ensuite vers le ciel en disant à haute voix :

J'EMPÊCHE DÈS À PRÉSENT
QUE TU SOIS INTIMIDANT
JE REFUSE TA SOUFFRANCE
TE RÉDUIS À L'IMPUISSANCE

- Répétez l'opération 2 fois de plus, avec un nouveau segment de fil, un nouveau nœud à chaque fois. Enfin, terminez en disant :

QU'IL EN SOIT AINSI

- Éteignez la bougie. Laissez le papier ficelé dans le cercle de sel pendant la nuit.
- Au matin, jetez le sel dans les toilettes et brûlez le morceau de papier toujours ficelé.

SURMONTEZ LA PERTE DE VOTRE EMPLOI

Momentum : pleine lune

Outre les pertes financières que cela peut engendrer, perdre votre emploi peut aussi vous faire perdre confiance en vous et en vos compétences. Voici un sort qui vous aidera à prendre du recul et à aller de l'avant. Soyez prête pour la prochaine étape de votre vie professionnelle !

CE DONT VOUS AUREZ BESOIN

- 1 bâton de sauge blanche
- Des allumettes
- 1 bougie
- 1 objet de votre ancien travail qui puisse être brûlé (carte de visite, flyer, ancien contrat...)
- 1 chaudron ou 1 récipient supportant la chaleur

QUE LA MAGIE COMMENCE

- Commencez par nettoyer votre espace à la fumée de sauge. Laissez le bâton brûler jusqu'à la fin de la cérémonie.
- Préparez votre autel en plaçant devant vous tous les ingrédients et les ustensiles listés ci-dessus.

- Disposez la bougie au centre de celui-ci et allumez-la.
- Prenez l'objet qui représente votre ancien travail et brûlez-le dans le chaudron. En le regardant brûler, récitez ces quelques lignes à haute voix :

CETTE PÉRIODE A FAIT SON TEMPS
JE VEUX ALLER DE L'AVANT
PAR CES CENDRES JE RENAIS
LE COURAGE EST MON ALLIÉ

- Terminez le rituel en disant à haute voix :

QU'IL EN SOIT AINSI

OBTENEZ LE BOULOT DE VOS RÊVES

Momentum : lune croissante

Votre boulot actuel vous ennuie ou vous déplaît ? Grâce à ce sort, reprenez les rênes de votre carrière et trouvez le job, le secteur qui vous passionne vraiment. Exprimez toute votre créativité et votre puissance pour vous épanouir dans votre vie professionnelle !

CE DONT VOUS AUREZ BESOIN

- *De l'encens de cannelle*
- *Des allumettes*
- *1 bougie supplémentaire de la couleur de votre choix*
- *1 bougie marron*
- *1 bougie verte*
- *1 athamé*
- *1 c. à café d'huile essentielle de cannelle*

QUE LA MAGIE COMMENCE

- Allumez l'encens.
- Consacrez votre cercle de protection et placez les bougies au centre de votre autel.
- À l'aide de l'athamé, gravez vos initiales sur la bougie de votre couleur préférée, le boulot de vos rêves sur la bougie marron et le salaire que vous visez sur la bougie verte.

- Enduisez-les toutes les trois d'huile essentielle de cannelle.
- Puis placez la bougie verte à gauche, la marron au centre et votre bougie à droite.
- Allumez ensuite la bougie qui vous représente et dites à haute voix :

JE NE RESSENS PAS LA PEUR
JE SUIS À LA HAUTEUR

- Allumez la bougie marron et dites à haute voix :

IL S'AGIT DE MON DESTIN
CE MÉTIER EST LE MIEN

- Pour finir, allumez la bougie verte et dites à haute voix :

GRÂCE À MA PERSÉVÉRANCE
IL M'APPORTE L'ABONDANCE

- Méditez quelques instants. Visualisez-vous en poste, et ressentez avec précision l'apaisement que cela vous procure.
- Achevez votre rituel en disant à haute voix :

QU'IL EN SOIT AINSI

- Pratiquez ce sort tous les soirs pendant une semaine en rallumant les 3 bougies jusqu'à consumation totale.

LANCEZ VOTRE PROPRE ENTREPRISE

Momentum : pleine lune

Vous rêvez d'être votre propre patronne, de choisir où et quand vous travaillez, de mettre en œuvre vos projets ? Voici un sort qui vous apportera la confiance et l'impulsion pour vous lancer dans cette belle aventure !

CE DONT VOUS AUREZ BESOIN

- *1 boussole*
- *2 bougies dorées*
- *2 bougies vertes*
- *Des allumettes*
- *1 grand saladier de terre*
- *1 poignée de feuilles de marrube blanc*
- *1 poignée de pétales de pivoine*
- *1 poignée de grains de poivre de Cayenne*
- *1 bijou en argent*
- *1 pierre d'aventurine*

QUE LA MAGIE COMMENCE

- Préparez votre autel en plaçant devant vous tous les ingrédients et les ustensiles listés ci-dessus.
- Placez les bougies dorées au nord et au sud de votre autel et les bougies vertes à l'est et à l'ouest. Allumez-les à l'aide des allumettes.

- Tout en mélangeant la terre, les feuilles de marrube blanc, les pétales de pivoine et le poivre de Cayenne dans le saladier, visualisez-vous forte et conquérante.
- Prenez ensuite le bijou en argent dans votre main droite et la pierre d'aventurine dans la gauche, puis enfoncez vos poings fermés dans le mélange durant 1 minute et imaginez-vous en train de travailler à votre compte.
- Ouvrez vos poings, laissez glisser le bijou en argent et la pierre dans la terre, puis retirez vos mains délicatement.
- Époussetez la terre de vos mains dans le saladier et tournez-les, paumes vers le bas, au-dessus du récipient.
- Fermez les yeux et répétez à voix haute :

QUI FAIT SOI-MÊME SES AFFAIRES
PREND CONTRÔLE DE SON DESTIN
JE SORS MON TRAVAIL DE TERRE
POUR FAIRE FLEURIR MON JARDIN

- Achevez le sort en disant à haute voix :

QU'IL EN SOIT AINSI

- Lavez-vous bien les mains. Conservez tel quel à l'abri le saladier et tout son contenu. Vous pourrez récupérer la pierre et le bijou et jeter le mélange une fois que vous aurez fait enregistrer les statuts de votre entreprise, ou du moins lancé les démarches de création d'activité.

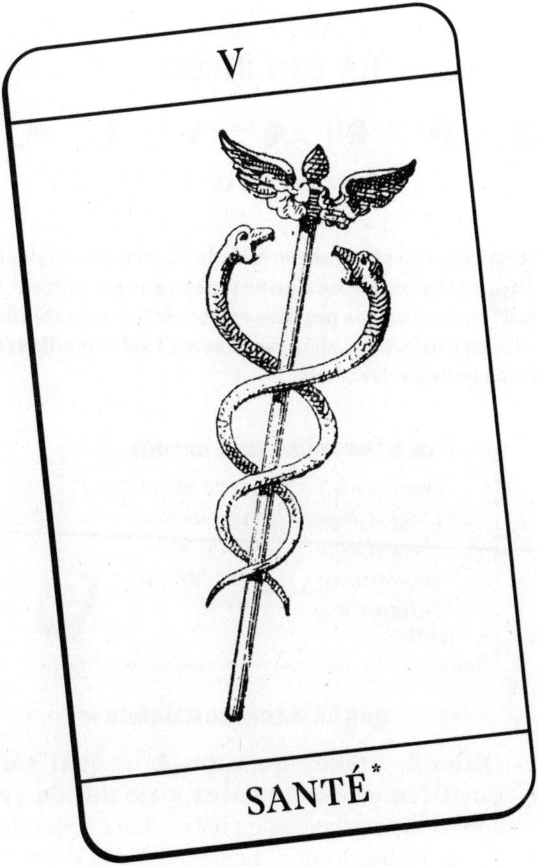

Je rappelle que bien que puissants, les sorts ne se substitueront jamais à un suivi médical.

APPELEZ LA GUÉRISON

Momentum : lune croissante

Si vous êtes fatiguée ou malade, ce sort va vous aider à faire entrer un élan de vie en vous connectant à votre énergie positive et à votre force profonde mise en veille. Vous allez vous ancrer à votre meilleure alliée pour guérir : vous.

CE DONT VOUS AUREZ BESOIN

- *1 bougie dorée*
- *2 bougies rouges*
- *2 bougies vertes*
- *Des allumettes*
- *De l'encens de jasmin*
- *1 petit miroir*
- *1 pot de pâte à modeler verte*
- *1 mèche de vos cheveux*

QUE LA MAGIE COMMENCE

- D'abord, prenez un bain. Afin qu'il soit purificateur, vous pouvez y ajouter du sel consacré, des herbes de votre choix (lavande, thym, sauge, basilic...) ou encore du citron. Si vous n'avez pas de baignoire, une douche sera tout aussi efficace.

- Ensuite, préparez votre cercle de protection puis votre autel en posant sur une table les bougies en ligne droite parallèle à vous : la bougie dorée à gauche, puis les rouges, pour finir par les vertes. Allumez-les de gauche à droite et faites brûler l'encens de jasmin.
- Posez le miroir à plat devant la bougie dorée, la face réfléchissante vers le haut.
- Avec la pâte à modeler, confectionnez une petite statuette de forme féminine, enroulez votre mèche de cheveux autour, puis posez la statuette sur le miroir.
- En la fixant du regard, prononcez 3 fois lentement et à voix basse :

JE SUIS MAÎTRESSE DE MON CORPS
LE MAL QUI ME RONGE Y DORT
J'ORDONNE SON EXPULSION
QUE VIENNE LA GUÉRISON

- Terminez le sort en disant à haute voix :

QU'IL EN SOIT AINSI

- Laissez se consumer complètement les bougies et l'encens.
- Placez ensuite la statuette dans un endroit que vous seule connaissez jusqu'à ce que vous soyez guérie.

SOULAGEZ VOS DOULEURS DE RÈGLES

Momentum : premier jour de vos règles

Beaucoup d'entre nous souffrent une fois par mois – avant, pendant et parfois même après les règles – de crampes, d'insomnies et de tout un tas de symptômes physiques et émotionnels déplaisants, voire douloureux. Pratiquer ce sort permet de les soulager et de retrouver votre force habituelle.

CE DONT VOUS AUREZ BESOIN

- *1 tisane de sauge ou de feuilles de framboisier*
- *1 bol*
- *30 ml d'huile végétale de chanvre*
- *35 gouttes d'huile essentielle d'estragon*
- *1 bougie jaune*
- *Des allumettes*
- *1 morceau de papier*
- *1 stylo*
- *1 ruban blanc de 30 cm environ*
- *1 pincée de lavande*
- *1 pierre de lune*
- *1 petit pochon en velours*

QUE LA MAGIE COMMENCE

- Avant de procéder au rituel, prenez un bain bien chaud afin de vous détendre. Si vous n'avez pas de baignoire, prenez une douche et n'hésitez pas à positionner le pommeau sur votre bas-ventre.
- Buvez ensuite une infusion de sauge ou de feuilles de framboisier. La sauge est relaxante et agit efficacement sur les douleurs menstruelles ; quant aux feuilles de framboisier, elles ont un pouvoir antispasmodique très efficace. Elles permettront également à vos cycles menstruels de se régulariser.
- Mélangez dans le bol l'huile de chanvre et l'huile essentielle d'estragon et appliquez la mixture sur votre bas-ventre. Faites bien pénétrer le mélange avant de vous habiller.
- Revêtez une tenue confortable.
- Dressez votre autel : allumez la bougie jaune en face de vous.
- Concentrez-vous sur les douleurs que vous souhaitez apaiser et formulez votre requête avec un verbe d'action positif. Par exemple : « Je veux me libérer de mes crampes menstruelles et de ses symptômes associés. »
- À mesure que vous formulez votre phrase, écrivez la première lettre de chaque mot sur la feuille afin d'ancrer votre volonté dans le papier. Ici : JVMLDMCMEDSSA.

- Pliez 3 fois le morceau de papier et entourez-le du ruban blanc.
- Placez la lavande, la pierre de lune et votre requête dans le petit pochon et dites pour achever votre rituel :

QU'IL EN SOIT AINSI

- Conservez le pochon sur vous comme une amulette jusqu'à la fin de vos règles.
- Dispersez ensuite la lavande dans la nature, brûlez le papier et conservez la pierre de lune pour le mois suivant.

AUGMENTEZ VOTRE FERTILITÉ

Momentum : pleine lune

Vous avez des difficultés à tomber enceinte alors qu'aucune raison médicale ne devrait freiner ce désir d'enfant ? Voici un rituel qui devrait vous aider à augmenter votre fertilité en renforçant la vigueur de votre ovulation. Il réconciliera votre corps et votre esprit afin de retrouver le chemin vers la fécondité.

CE DONT VOUS AUREZ BESOIN

- 1 bougie jaune
- 1 bougie rouge
- 1 bougie rose
- Des allumettes
- 1 tasse d'eau bouillante
- 1 poignée de feuilles de framboisier
- 1 poignée de feuilles d'ortie
- 1 poignée de trèfle rouge
- 1 pierre de lune

QUE LA MAGIE COMMENCE

- Préparez votre autel en plaçant devant vous tous les ingrédients et les ustensiles listés ci-dessus.
- Consacrez votre cercle de protection, puis asseyez-vous au centre.

- Placez les 3 bougies devant vous et allumez-les.
- Faites infuser les feuilles de framboisier, l'ortie et le trèfle rouge.
- Buvez 3 gorgées de cette concoction et visualisez-vous enceinte pendant 1 minute.
- Placez ensuite votre tasse à côté de la pierre de lune et dites à haute voix par 3 fois :

JE DEMANDE À LA LUNE RONDE
MÈRE ÉCLATANTE ET FÉCONDE
QUE S'ÉLARGISSE MON BASSIN
J'APPELLE LA VIE EN MON SEIN

- Buvez de nouveau quelques gorgées du breuvage et visualisez un bébé en pleine santé grandir en vous. Ressentez le bonheur et la joie de porter la vie.
- Éteignez les bougies, terminez votre infusion et dites à haute voix :

QU'IL EN SOIT AINSI

- N'hésitez pas à recommencer le sort autant de fois que nécessaire.

FAITES POUSSER VOS CHEVEUX PLUS VITE

Momentum : pleine lune

Les cheveux ont une importance capitale, car ils sont source de force, de puissance et d'intuition. Au-delà d'un simple sort de beauté, ce rituel vous permet donc de cultiver votre bien-être et de prendre soin de votre âme.

CE DONT VOUS AUREZ BESOIN

- *1 bougie orange*
- *Des allumettes*
- *1 bol*
- *2 c. à soupe d'huile d'argan*
- *2 c. à soupe d'huile de ricin*
- *1 cuillère en bois ou en bambou*
- *1 large élastique ou 1 pince à cheveux*
- *1 bâton de sauge blanche*
- *Votre flacon de shampooing*
- *Votre flacon d'après-shampooing*

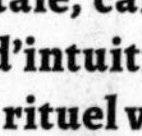

QUE LA MAGIE COMMENCE

- Commencez par dresser votre autel. Allumez la bougie orange. Versez l'huile d'argan et l'huile de ricin dans le bol et mélangez-les bien à l'aide de la cuillère en bois (n'utilisez pas de cuillère en métal, car leurs interactions ioniques provoquent une déperdition des propriétés des huiles).

- Concentrez-vous sur la flamme de la bougie quelques instants. Visualisez vos cheveux pousser à la longueur que vous désirez, percevez leur épaisseur, leur densité et même leur odeur.
- Puis récitez 3 fois à voix haute :

MES CHEVEUX SONT BEAUX ET FORTS
ILS POUSSENT ENCORE ET ENCORE
CHACUN DE CES CENTIMÈTRES
EST UN PAS VERS LE BIEN-ÊTRE

- Appliquez le mélange d'huiles sur votre cuir chevelu en faisant des massages circulaires, puis enduisez-en vos pointes. Soyez pleinement consciente de chacun de vos gestes.
- Attachez-vous les cheveux à l'aide de la pince ou de l'élastique et laissez reposer votre masque durant 20 minutes.
- Durant ce laps de temps, faites brûler un bâton de sauge, méditez et visualisez le résultat désiré.
- Puis lavez vos cheveux à l'eau tiède avec votre shampoing et votre après-shampoing habituels.
- Pour achever ce rituel, dites d'une voix claire :

QU'IL EN SOIT AINSI

ROMPEZ AVEC VOS ADDICTIONS

Momentum : lune décroissante

Si vous souhaitez arrêter de fumer, réduire votre consommation d'alcool, faire cesser des crises de boulimie, ce rituel vous sera utile. Petit plus : je vous conseille de ne pas manger de viande la semaine qui précède ce sort. En effet, dans le chamanisme, on dit que consommer un animal mort modifie notre empreinte spirituelle, ce qui diminuerait la portée de ce sort où le corps est au cœur.

CE DONT VOUS AUREZ BESOIN

- *1 boussole*
- *1 bougie argentée*
- *1 bougie blanche*
- *1 bougie noire*
- *Des allumettes*
- *1 pierre d'unakite*
- *1 ficelle ou 1 ruban noir de 30 cm environ*
- *1 paire de ciseaux*
- *1 enveloppe*

QUE LA MAGIE COMMENCE

- Asseyez-vous face à l'est et installez et allumez les bougies en face de vous : l'argentée à gauche, la blanche au milieu et la noire sur votre droite. Placez la pierre d'unakite dans votre poche, votre soutien-gorge ou vos chaussettes.

- Faites un nœud dans la ficelle. Ce nœud symbolise votre dépendance. Regardez-le et pensez à tous les torts que votre addiction vous a causés, à vous et à votre entourage. Prenez bien le temps d'y réfléchir et d'en prendre conscience.
- Lorsque vous êtes prête, prenez la paire de ciseaux et coupez la ficelle sur l'un des côtés de façon à laisser pendre le nœud sur une extrémité et placez-la dans l'enveloppe en la refermant soigneusement. Posez l'enveloppe.
- Secouez énergiquement vos mains 3 fois pour chasser de votre corps toute trace des mauvaises habitudes et dites à haute voix :

PAR CES MOTS VIENT LA FORCE
CONTRE CE QUI ME TENAILLE
JE NE FERAI PAS D'ENTORSE
QUE LES ADDICTIONS S'EN AILLENT

- Terminez le sort en disant à haute voix :

QU'IL EN SOIT AINSI

- Éteignez les bougies et débarrassez-vous de l'enveloppe (brûlez-la, enterrez-la ou jetez-la tout simplement).
- Vous allez sentir progressivement que vos pulsions s'estompent. N'hésitez pas à refaire ce sort autant de fois que nécessaire.

DÉBARRASSEZ-VOUS DE VOS TROUBLES ALIMENTAIRES

Momentum : lune décroissante

Les troubles alimentaires sont un enfer à vivre. Ils peuvent être très variés, mais leur point commun est indéniablement un rapport perturbé et douloureux à la nourriture et une énorme souffrance. Débarrassez-vous de votre détresse psychologique et physiologique grâce à ce puissant rituel.

CE DONT VOUS AUREZ BESOIN

- *1 bol*
- *1 c. à café d'huile essentielle de fenouil*
- *1 bougie noire*
- *Des allumettes*
- *1 pierre de lune*
- *1 cristal*
- *1 c. à café de l'huile neutre de votre choix (d'amande douce ou d'olive, par exemple)*
- *1 petit pochon en velours*

QUE LA MAGIE COMMENCE

- Dans un bol, mélangez l'huile essentielle de fenouil avec l'huile neutre, puis enduisez-en la bougie noire. Ce faisant, remémorez-vous les émotions négatives que vous ressentez lorsque vous pensez à la nourriture et projetez ces émotions dans la bougie.

- Puis allumez la bougie et prenez 1 minute pour regarder brûler cette énergie négative qui s'envole loin de vous.
- Prenez ensuite la pierre de lune dans votre main gauche et le cristal dans votre main droite et dites à haute voix :

QUE LES TROUBLES QUI ME HANTENT
S'ÉLOIGNENT DE MOI MAINTENANT
JE DOIS ÊTRE BIENVEILLANTE
AUJOURD'HUI ET POUR LONGTEMPS

- Placez les pierres dans le pochon en velours.
- Terminez le sort en disant à haute voix :

QU'IL EN SOIT AINSI

- Éteignez la bougie et mettez les restes de côté afin de les enterrer.
- Gardez le talisman sur vous en permanence. Ce rituel requiert beaucoup d'énergie, aussi veillez à fréquemment purifier et recharger vos pierres.

PRENEZ DU POIDS EFFICACEMENT

Momentum : lune croissante

Dans votre entourage, certaines femmes prennent du poids sans effort, et souvent sans le vouloir. Il n'en est pas de même pour vous : vous aimeriez vous remplumer un peu, or vous avez un appétit de moineau ou votre métabolisme est ultrarapide. Voici un sort qui vous accompagnera pour prendre du poids harmonieusement.

CE DONT VOUS AUREZ BESOIN

- *1 boussole*
- *4 bougies roses*
- *De l'encens de rose*
- *4 bougies bleues*
- *De l'encens d'oliban*
- *1 petit miroir*
- *Des allumettes*
- *1 feuille blanche*
- *1 stylo bleu*
- *1 pierre d'améthyste*
- *20 gouttes d'huile essentielle de bois de rose*

QUE LA MAGIE COMMENCE

- Avant de procéder au rituel, prenez un bain. Lavez-vous soigneusement et coiffez-vous.
- Glissez-vous ensuite dans des vêtements amples propres.

- Préparez votre cercle de protection. Placez les bougies sur votre autel en deux lignes droites parallèles allant du nord au sud : sur votre gauche, les roses en terminant par l'encens de rose ; sur votre droite, les bleues en terminant par l'encens d'oliban.
- Posez le miroir à plat entre les deux rangées de bougies, la face réfléchissante vers le haut.
- Allumez les bougies et les encens, puis éteignez toutes les autres sources de lumière de la pièce.
- Pliez la feuille en deux, en quatre, puis en huit. Appuyez fort sur les pliures, de manière à obtenir 2 colonnes de 4 rectangles en dépliant la feuille.
- À l'aide du stylo, inscrivez sur chacun des rectangles de la colonne de gauche votre poids actuel. Puis inscrivez sur les rectangles de la colonne de droite le poids que vous souhaitez peser.
- Déchirez la feuille suivant les pliures afin d'obtenir 8 rectangles séparés. Empilez les rectangles avec votre poids actuel puis ceux avec votre poids idéal et déposez le tout au centre du miroir. Posez ensuite la pierre d'améthyste sur le dessus.
- Versez l'huile essentielle de bois de rose sur la pierre (peu importe si elle déborde sur les rectangles de papier et le miroir).

- Prenez quelques instants pour vous recueillir, visualisez-vous avec le poids que vous désirez.
- Récitez ensuite à haute voix et par 3 fois :

JE DEMANDE DÈS AUJOURD'HUI
DE L'AIDE POUR PRENDRE DU POIDS
QU'IL REMPLISSE MON CORPS ET MA VIE
JE NE ME LAISSE PLUS LE CHOIX

- Prenez le premier rectangle de papier désignant votre poids actuel puis brûlez-le dans la flamme de la bougie rose située le plus au nord. Faites de même avec les 3 autres rectangles en allant du nord vers le sud.
- Ensuite, prenez le premier rectangle de papier désignant votre poids idéal puis brûlez-le dans la flamme de la bougie bleue située le plus au sud. Faites de même avec les 3 autres rectangles en allant du sud vers le nord.
- Laissez les bougies et l'encens se consumer complètement et dites à haute voix pour achever votre rituel :

QU'IL EN SOIT AINSI

- Portez la pierre d'améthyste sur vous pendant 1 mois. Son influence durera 6 mois environ.

PERDEZ DU POIDS EFFICACEMENT

Momentum : lune décroissante

Peu importent les critères imposés par la société, l'essentiel est que vous aimiez votre corps. Si, pour vous épanouir ou pour des raisons d'ordre médical, vous avez besoin de perdre du poids, ce rituel puissant vous en donnera la force.

CE DONT VOUS AUREZ BESOIN

- *1 boussole*
- *4 bougies marron*
- *De l'encens de cannelle*
- *4 bougies blanches*
- *De l'encens de myrrhe*
- *1 petit miroir*
- *Des allumettes*
- *1 feuille blanche*
- *1 stylo bleu*
- *1 pierre d'howlite*
- *20 gouttes d'huile essentielle de géranium*

QUE LA MAGIE COMMENCE

- Avant de procéder au rituel, prenez un bain. Lavez-vous soigneusement et coiffez-vous.
- Glissez-vous ensuite dans des vêtements moulants propres.

- Préparez votre cercle de protection. Placez les bougies en deux lignes parallèles allant du nord au sud : sur votre gauche, les marron en terminant par l'encens de cannelle ; sur votre droite, les blanches en terminant par l'encens de myrrhe.
- Posez le miroir à plat entre les deux rangées de bougies, la face réfléchissante vers le haut.
- Allumez les bougies et les encens, puis éteignez toutes les autres sources de lumière de la pièce.
- Pliez la feuille en deux, en quatre, puis en huit. Appuyez fort sur les pliures, de manière à obtenir 2 colonnes de 4 petits rectangles en dépliant la feuille.
- À l'aide du stylo, inscrivez sur chacun des rectangles de la colonne de gauche votre poids actuel. Puis inscrivez sur les rectangles de la colonne de droite le poids que vous souhaitez peser.
- Déchirez la feuille suivant les pliures afin d'obtenir 8 rectangles séparés. Empilez les rectangles avec votre poids actuel puis ceux avec votre poids idéal et déposez le tout au centre du miroir. Posez ensuite la pierre d'howlite sur le dessus.
- Versez l'huile essentielle de géranium sur la pierre (peu importe si elle déborde sur les rectangles de papier et le miroir).

- Prenez quelques instants pour vous recueillir, visualisez-vous avec le poids que vous désirez.
- Récitez ensuite à haute voix et par 3 fois :

JE DEMANDE DÈS AUJOURD'HUI
DE L'AIDE POUR PERDRE DU POIDS
QU'IL REMPLISSE MON CORPS ET MA VIE
JE NE ME LAISSE PLUS LE CHOIX

- Prenez le premier rectangle de papier désignant votre poids actuel puis brûlez-le dans la flamme de la bougie marron située le plus au nord. Faites de même avec les 3 autres rectangles en allant du nord vers le sud.
- Ensuite, prenez le premier rectangle de papier désignant votre poids idéal puis brûlez-le dans la flamme de la bougie blanche située le plus au sud. Faites de même avec les 3 autres rectangles en allant du sud vers le nord.
- Laissez les bougies et l'encens se consumer complètement et dites à haute voix pour achever votre rituel :

QU'IL EN SOIT AINSI

- Portez la pierre d'howlite sur vous pendant 1 mois. Son influence durera 6 mois environ.

RETROUVEZ LE CHEMIN DU SOMMEIL

Momentum : lune croissante

Le sommeil vous fuit ? Vos nuits sont agitées ? Ce rituel favorise un sommeil réparateur et fait fleurir les rêves agréables. Vous pouvez le pratiquer même lorsqu'il ne reste que quelques heures avant l'aube.

CE DONT VOUS AUREZ BESOIN

- *1 enveloppe*
- *1 quartz fumé ou 1 pierre de lune*
- *1 brin de lavande (frais ou séché)*

QUE LA MAGIE COMMENCE

- Ce sort ne nécessite ni bougies ni cercle de protection, mais il demande une grande concentration.
- Pour commencer, préparez votre chambre à coucher : mettez des draps propres, tamisez les lumières et instaurez le calme dans la pièce, en éteignant musique et autres sources de distraction.

- Asseyez-vous confortablement sur votre lit en tenant à la main le quartz fumé ou la pierre de lune. Tous deux sont surnommés « Pierre de Rêve » en raison de leurs énergies apaisantes, sédatives.
- Pendant quelques minutes, fermez les yeux, respirez profondément et concentrez-vous sur l'énergie de la pierre pour chasser toute pensée importune.
- Une fois que vous vous sentez calme et ancrée, dites par 3 fois à haute voix :

PROFOND ET SANS ENTRAVE
MON SOMMEIL EST SEREIN
JE SOMBRE TELLE L'ÉPAVE
CETTE NUIT JE DORS ENFIN

- Terminez le sort en disant à haute voix :

QU'IL EN SOIT AINSI

- Placez ensuite le quartz et le brin de lavande dans l'enveloppe, que vous déposerez près de votre lit.
- Comme d'habitude, la pratique est très importante. Si le rituel ne fonctionne pas tout de suite, persévérez et vous tomberez en un rien de temps dans les bras de Morphée.

RESTEZ EN BONNE SANTÉ

Momentum : lune croissante

Vous êtes en bonne santé et vous tenez à le rester ! Avant même de tomber malade, vous pouvez prendre soin de vous grâce à ce sort de prévention.

CE DONT VOUS AUREZ BESOIN

- *1 bol d'eau de pluie*
- *1 bougie bleue*
- *1 bougie rouge*
- *1 bougie blanche*
- *Des allumettes*

QUE LA MAGIE COMMENCE

- Placez le bol d'eau de pluie devant vous. Entourez-le des trois bougies : la bleue à gauche, la rouge à droite et la blanche au centre, que vous allumerez.
- Plongez votre main gauche (celle du cœur) dans l'eau et touchez-vous la poitrine en disant à haute voix :

MON CORPS EST SAIN

- Trempez de nouveau vos doigts dans l'eau, puis touchez-vous le front en disant à haute voix :

MON ESPRIT EST SAIN

- Recommencez une dernière fois l'opération en touchant cette fois-ci le sommet de votre tête, puis dites à haute voix :

MON ÂME EST SAINE

- Enfin, dites toujours à haute voix :

QUE CETTE EAU GORGÉE DE TONNERRE
M'APPORTE ÉNERGIE ET SANTÉ
QUE L'HARMONIE EN MOI PROSPÈRE
CONTINUE DE ME PROTÉGER

- Éteignez les bougies.
- Achevez ce sort en montrant votre gratitude envers les forces qui vous guident et dites-leur à haute voix :

MERCI DE FAIRE CIRCULER EN MOI CETTE BONNE ÉNERGIE ET DE ME CONSERVER EN SANTÉ

Puis terminez par :

QU'IL EN SOIT AINSI

**Attention, ayez en tête que cela peut ne pas fonctionner du premier coup ou ne pas fonctionner du tout. Ne vous en voulez pas si vous n'avez pas de résultat et surtout ne le prenez pas personnellement. Les raisons peuvent être multiples (une mauvaise synchronisation, la peur, le défunt est passé sur des plans supérieurs et n'est plus en capacité d'interagir…).*

DÉJOUEZ UN SORT QUI VOUS A ÉTÉ LANCÉ

Momentum : pleine lune

Vous n'êtes pas dans votre état normal (vous êtes plus maladroite, plus colérique ou vraiment apathique…) et vous traînez avec vous un lot bien inhabituel de malchance. Peut-être êtes-vous victime d'un mauvais sort ? Dans ce cas, ce rituel de désenvoûtement est fait pour vous.

CE DONT VOUS AUREZ BESOIN

- *1 bougie noire*
- *1 bougie blanche*
- *Des allumettes*
- *De l'encens de sang de dragon*
- *1 brin de lavande*
- *Quelques pétales de rose séchée*
- *1 c. à café de verveine*
- *1 c. à café de vétiver*
- *1 c. à café de vermouth*
- *1 bol de sel consacré*
- *1 pochon en velours*
- *1 citron*
- *1 coupe d'eau consacrée*
- *1 athamé*

QUE LA MAGIE COMMENCE

- Veillez à bien former votre cercle de protection.
- Puis installez votre autel. Placez la bougie noire à gauche et la blanche à droite. Allumez-les ainsi que l'encens.
- Mélangez la lavande, les pétales de rose séchée, la verveine, le vétiver, le vermouth et le sel dans le pochon en velours et balancez-le 3 fois au-dessus de la fumée d'encens.
- Récapitulez mentalement les mésaventures que vous imputez au mauvais sort. Tenez le citron dans vos mains et projetez-y par la pensée toutes ces choses négatives.
- Coupez le citron en trois, trempez l'athamé dans la coupe d'eau consacrée, puis touchez avec chaque morceau de citron un par un en disant à haute voix :

JE HONNIS CE MAL QUI ME POURSUIT
ET DÉTRUIS SON AUTORITÉ
POUR QUE MES JOURS ET MES NUITS
RETROUVENT LEUR TRANQUILLITÉ

- Quittez le cercle en emportant la bougie blanche et l'encens. Laissez la bougie noire continuer à se consumer.
- Faites-vous couler un bain et versez l'intégralité du pochon en velours dans l'eau. Si vous n'avez pas de baignoire, faites infuser le mélange

d'herbes et lavez-vous avec. Visualisez toutes les énergies négatives disparaître avec la vapeur d'eau. Ce bain rituel finira de purifier votre corps et votre esprit.

- Éteignez ensuite les bougies et l'encens.
- Terminez le rituel en disant à haute voix :

QU'IL EN SOIT AINSI

PROTÉGEZ-VOUS DES ÉNERGIES NÉGATIVES

Momentum : lune décroissante

Voici un rituel qui devrait éloigner de vous les pollutions énergétiques émanant des gens négatifs qui vous entourent et les éventuelles pollutions magiques lancées à votre encontre. Il vous aidera à maintenir votre santé énergétique en nettoyant les poisons subtils, les nuisances occultes et autres blocages.

CE DONT VOUS AUREZ BESOIN

- *1 boussole*
- *1 table (si votre autel n'est pas assez grand)*
- *1 drap blanc*
- *1 photo de vous*
- *De l'encens de myrrhe*
- *De l'encens de bois de santal*
- *De l'encens de rose*
- *De l'encens de jasmin*
- *4 bougies dorées*
- *Des allumettes*
- *12 grains de gros sel marin*

QUE LA MAGIE COMMENCE

- Positionnez votre autel ou votre table à l'est de la pièce, couvrez-la avec le drap blanc et placez-vous face à elle.

- Mettez votre photo au centre de la table. Installez ensuite les encens de la façon suivante : l'encens de myrrhe à l'est de la photo, l'encens de bois de santal à l'ouest, l'encens de rose au sud et l'encens de jasmin au nord. Disposez une bougie à côté de chaque encens.
- Puis allumez l'encens et la bougie de l'est, tournez vos mains vers le ciel et prononcez 3 fois à haute voix :

CETTE FUMÉE FAIT ÉCRAN
CETTE FLAMME ME DÉFEND

- Allumez successivement les bougies et encens de l'ouest, puis ceux du sud et enfin ceux du nord. À chaque point cardinal, tournez vos paumes vers le ciel en prononçant 3 fois l'incantation.
- Ensuite, tournez vos paumes vers la photo afin de diriger sur vous toutes les énergies des points cardinaux.
- Méditez 1 minute en vous focalisant sur la photo et achevez le rituel en disant à haute voix :

QU'IL EN SOIT AINSI

- Placez ensuite 3 grains de gros sel à la base de la flamme de chaque bougie afin qu'ils se mélangent avec la cire fondue et se consument.
- Laissez les bougies et les encens brûler jusqu'à complète consumation.

DÉBARRASSEZ-VOUS D'UN ESPRIT INDÉSIRABLE

Momentum : lune décroissante

Peut-être ressentez-vous des présences dans votre maison ou votre appartement ? Peut-être assistez-vous à des phénomènes étranges (objets qui se déplacent, portes qui claquent, tableaux qui se décrochent...) ? Ou encore avez-vous le sentiment d'être chassée de votre propre maison ? Il semblerait que vous partagiez votre espace avec un mauvais esprit, une âme errante ou en quête de quelque chose. Voici un sort qui devrait l'inviter à quitter les lieux pour de bon.

CE DONT VOUS AUREZ BESOIN

- *1 branche de gui*
- *3 feuilles de basilic*
- *1 morceau d'écorce de quinquina rouge*
- *De l'encens de benjoin*
- *1 encensoir à charbon*
- *Des allumettes*
- *1 bougie noire*
- *1 bougie blanche*
- *1 stylo*
- *1 feuille de papier*
- *3 cristaux de roche*

QUE LA MAGIE COMMENCE

- Comme vous ignorez à qui vous avez affaire, ne lésinez pas sur votre cercle de protection. Veillez à ce qu'il soit particulièrement bien étanche.
- Faites brûler le gui, le basilic et le quinquina avec l'encens sur un charbon ardent.
- Allumez les bougies.
- Installez-vous dans votre cercle confortablement.
- Si vous êtes novice dans la pratique du spiritisme, respirez profondément et calmement. Fiez-vous à votre intuition pour déterminer l'intention de l'esprit.
- Si vous avez des dons médiumniques, vous pouvez essayer d'établir une communication avec l'esprit, par exemple par le biais de l'écriture automatique, afin de savoir qui il est, ce qu'il veut, s'il est bon ou mauvais. Dans ce cas, prenez le stylo, sans le serrer trop fort, au-dessus de la feuille. Puis respirez profondément et concentrez-vous jusqu'à ce que vous sentiez le crayon bouger.
- Si vous avez l'intime conviction que l'esprit est bon, récitez à voix haute :

ESPRIT, SI TU ES LÀ
DONNE-M'EN LA RAISON
SI T'AIDER JE NE PEUX PAS
QUITTE-MOI POUR DE BON

- Si vous avez l'intime conviction qu'il est mauvais, récitez à voix haute :

TOI L'ESPRIT MALFAISANT
LA CAUSE DE MES TOURMENTS
QUITTE CES LIEUX À PRÉSENT
DÉFINITIVEMENT

- Méditez un bon moment et concentrez toute votre énergie à chasser l'esprit.
- Si vous le sentez persistant et en colère, ajoutez plus d'encens de benjoin et dites 3 fois à haute voix :

ESPRIT DU MALHEUR ET DU VICE
JE TE RENVOIE DANS LES ABYSSES
JE T'ORDONNE DE ME QUITTER
JE TE BANNIS À TOUT JAMAIS

- Terminez ce puissant rituel par :

QU'IL EN SOIT AINSI

- Méditez de nouveau pour ressentir les effets de ce bannissement et vous recharger.
- N'hésitez pas à recharger l'énergie de votre corps physique en mangeant.
- Un esprit peut laisser des traces d'énergie dans son sillage, cela peut prendre quelque temps pour que vous ne les ressentiez plus du tout. Cependant, si au bout d'1 semaine, vous ressentez toujours sa présence, recommencez ce rituel.

COMMUNIQUEZ AVEC VOS MORTS

Momentum : pleine lune

Perdre un être cher est un événement très douloureux, qui laisse un immense vide. Grâce à ce rituel, il vous sera possible d'entrer en communication avec le défunt ou la défunte afin de lui dire au revoir, d'obtenir des réponses ou tout simplement de commencer le long travail de deuil.

CE DONT VOUS AUREZ BESOIN

- 1 bâton de sauge blanche

- Des allumettes

- 1 bougie blanche

- 1 bougie argentée

- De l'encens de benjoin

- 1 objet ayant appartenu au défunt (un bijou, un vêtement...)

QUE LA MAGIE COMMENCE

- Pour commencer, nettoyez votre espace à la fumée de sauge. Vous la laisserez brûler jusqu'à la fin de la cérémonie.
- Disposez comme vous le souhaitez sur la table devant vous les bougies, l'encens et l'objet ayant appartenu au défunt.

- Allumez les bougies mais surtout pas l'encens. Vous l'allumerez si vous percevez la présence d'entités indésirables dont vous souhaitez vous protéger, mais accueillir un esprit avec de l'encens allumé est impoli, voire agressif envers lui.

- Méditez quelques minutes pour vous ancrer dans l'instant. Lorsque vous vous sentez bien présente dans votre espace, prenez dans vos mains l'objet ayant appartenu au défunt et dites à haute voix :

(PRÉNOM DU DÉFUNT), ES-TU LÀ ?
JE DÉSIRE TE PARLER
À TOI ET SEULEMENT À TOI
JE VEUX ME CONNECTER

- Soyez extrêmement attentive aux énergies de la pièce, à vos émotions : un changement dans l'atmosphère, une émotion forte, des frissons, des larmes, une intuition sont des signes que la personne est apparue.

- Comme si l'être cher était vivant devant vous, dites-lui à haute voix tout ce que vous avez à lui dire. Combien il vous manque, ce que vous n'avez peut-être pas su ou pu lui dire de son vivant. Tout ce qui pourrait vous aider à faire votre deuil.

- Lorsque vous avez dit ce que vous aviez sur le cœur, ou que vous vous sentez fatiguée, ou si vous avez l'intuition que le défunt a disparu, achevez votre rituel en disant à haute voix :

QU'IL EN SOIT AINSI

- Laissez les bougies se consumer complètement.

POUR ALLER PLUS LOIN

- Lors de votre prise de contact avec le défunt, vous pouvez lui demander de venir vous rendre visite en rêve, ce qui vous permettra de vous connecter plus directement encore à lui (voir « Obtenez des messages en rêve », p. 214). Cette forme de communication est à la fois douce et accessible aux non-initiés.
- Si vous sentez que vous avez des aptitudes médiumniques et que vous aimeriez aller plus loin dans la communication avec l'au-delà, je vous invite à vous essayer à l'écriture automatique (voir « Pratiquez l'écriture automatique », p. 216).
- Lorsqu'il est question de communiquer avec les morts, plus encore que dans les autres types de rituels, laissez votre intuition vous guider, voyez quelle forme de communication vous convient et vous appelle.

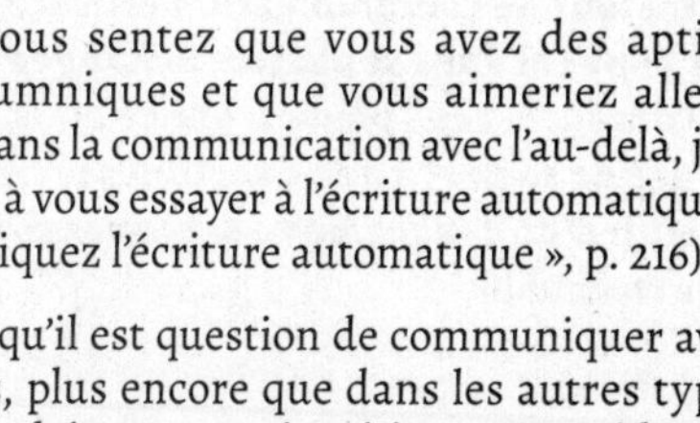

OBTENEZ DES MESSAGES EN RÊVE

Momentum : pleine lune

Les rêves sont une activité psychique qui traduit vos pensées inconscientes, et sont également un vecteur de communication efficace entre un défunt et vous : si vous souhaitez échanger avec une personne décédée, vous pouvez, par ce biais, recevoir une réponse de sa part à une question précise, il peut vous prévenir d'un danger, ou vous pouvez simplement converser ensemble.

CE DONT VOUS AUREZ BESOIN

- *1 carré de tissu bleu pâle*
- *1 feuille de frêne*
- *1 feuille de laurier*
- *1 feuille de houx*
- *1 fleur de jasmin*
- *1 fleur de souci*
- *1 poignée de fleurs séchées de mimosa*
- *1 oignon*
- *1 ficelle ou 1 ruban de 30 cm environ*
- *1 feuille de papier*
- *1 stylo*
- *1 cahier*

QUE LA MAGIE COMMENCE

- Ce rituel est à pratiquer juste avant de vous coucher. Commencez par définir exactement votre requête et la personne que vous voulez appeler en rêve. Attendez-vous un rêve prophétique ? Souhaitez-vous entrer en communication avec le défunt parce qu'il vous manque ? Espérez-vous obtenir des informations de sa part sur un sujet en particulier (argent, amour, etc.) ?
- Préparez votre autel : étendez le carré de tissu, placez dessus, au centre, les feuilles de frêne, de laurier, de houx, le jasmin, le souci, le mimosa et l'oignon.
- Ramenez les coins du carré de tissu vers le milieu et attachez le tout avec la ficelle en une petite aumônière.
- Ensuite, sur la feuille de papier, énoncez clairement et simplement par écrit l'objet de votre attente, par exemple : « Je souhaiterais parler à mon père » ou encore « Je souhaiterais savoir comment est morte ma grand-mère. » Puis pliez la feuille en deux.
- La feuille dans la main, récitez à haute voix :

PAR LES RÊVES ET LES SONGES
DANS LESQUELS JE ME PLONGE
QU'ON ME VISITE CETTE NUIT
POUR RÉPONDRE À CET ÉCRIT

- Placez l'aumônière et la feuille pliée près de votre oreiller.
- Disposez un cahier et un stylo sur votre table de chevet afin de pouvoir consigner votre rêve dès votre réveil. En effet, on oublie rapidement les détails vus, entendus ou ressentis durant son sommeil.
- Ce rêve peut être très explicite (le défunt vous apparaît et une conversation a lieu comme si vous étiez éveillée), mais il peut aussi être symbolique, avec une importante part d'interprétation. Quoi qu'il arrive, vous sentirez que ce rêve n'est pas ordinaire et que le défunt vous a délivré un message. Utilisez ce que vous avez appris pour vous préparer à l'avenir, mais gardez en tête que celui-ci est constamment en mouvement, en constante évolution. Seul le passé est figé.

PRATIQUEZ L'ÉCRITURE AUTOMATIQUE

Momentum : pleine lune

L'écriture automatique ou, de son nom savant, la « psychographie », désigne l'écriture des esprits par le biais de la main d'un médium. Je vous encourage à vous y essayer si vous vous sentez appelée par cette méthode et si vous désirez développer cette aptitude médiumnique. Que vous portiez le deuil d'un proche, que vous attendiez de lui des réponses sur un sujet en particulier ou par simple curiosité, voici une marche à suivre simple et efficace.

CE DONT VOUS AUREZ BESOIN

- De l'encens de benjoin (à n'utiliser qu'en cas de besoin)
- 1 poignée de sel consacré
- 1 bougie (facultatif)
- Des allumettes
- 1 feuille ou 1 cahier
- 1 stylo qui glisse bien ou 1 crayon avec une mine de plomb

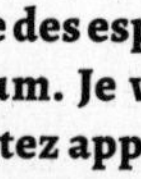

QUE LA MAGIE COMMENCE

- Avant de commencer, sachez que l'écriture automatique implique une incorporation partielle, c'est-à-dire une prise de possession d'une partie de votre corps. Normalement (sauf mauvaise rencontre), les esprits ne tenteront jamais de s'emparer de votre corps. C'est une violation très énergivore et ils le savent. Il est néanmoins indispensable que vous vous protégiez. Avant toute séance, ancrez-vous bien et gardez à portée de main de l'encens de benjoin et du sel consacré, qui sont des armes efficaces contre les esprits farceurs ou malveillants.

- Gardez votre libre arbitre tout du long : si vous ne voulez plus écrire, vous en avez le droit et l'esprit devra l'accepter. Si vous commencez à vous sentir faible, cotonneuse (signes que l'entité cherche une incorporation totale), que vous percevez de la colère ou que vous vous sentez menacée, arrêtez tout, allumez l'encens et formez une barrière de sel autour de vous.
- Maintenant que vous avez pris ces précautions, vous êtes prête pour un moment de dialogue respectueux, bienveillant et même joyeux avec le défunt !
- À présent, détendez-vous. Faites le vide dans votre tête. Concentrez-vous sur votre respiration pour vous plonger dans un état méditatif. Lâchez prise sur vos pensées et ne cherchez pas à les contrôler. Allumez une bougie si vous le désirez.
- Prenez la feuille et le stylo. Soyez relâchée, vous n'êtes qu'un vecteur ici, un soutien physique pour le stylo. Laissez la place à l'entité, ce n'est pas vous qui allez écrire.

- Appelez le défunt à voix haute avec autant de naturel que si vous appeliez quelqu'un dans une autre pièce. Il ne devrait pas tarder à se manifester. Lorsque vous sentirez le stylo bouger, respirez profondément et gardez votre calme. Parlez-lui comme s'il était en face de vous.
- Si vous débutez, il se peut que ça ne soit pas concluant tout de suite : sur la feuille figureront juste des gribouillis, des mots indéchiffrables ou ineptes. Mais petit à petit, des messages clairs devraient apparaître. Lorsque la séance est terminée, que l'esprit a cessé d'écrire ou qu'il vous a signifié qu'il s'en allait (généralement par un simple « Au revoir »), prenez soin de le remercier de vous honorer de sa confiance, puis saluez-le à votre tour.

DÉVELOPPEZ VOTRE SENSIBILITÉ MÉDIUMNIQUE

Momentum : pleine lune

Voici un sort qui vous aidera à ouvrir votre troisième œil, c'est-à-dire à mieux vous connaître et à développer votre intuition. Il vous sera utile non seulement pour pratiquer au mieux l'art des sorts, mais aussi pour prendre les meilleures décisions dans votre vie de tous les jours.

CE DONT VOUS AUREZ BESOIN

- *1 bougie violette*
- *1 bougie blanche*
- *1 bougie orange*
- *1 bougie argentée*
- *1 pierre d'améthyste*
- *Des allumettes*
- *1 cloche*
- *1 verre de vin ou de jus de raisin*
- *De l'encens ou un parfum de musc*
- *1 bout de tissu violet d'une matière douce (de la soie ou du velours)*

QUE LA MAGIE COMMENCE

- Commencez par consacrer votre cercle de protection.
- Placez la bougie violette à gauche, la blanche au milieu, la orange à droite, l'argentée derrière vous. Enfin, allumez-les dans cet ordre.
- Faites tinter la cloche et dites à haute voix :

J'ENTENDS LE POUVOIR

- Buvez une gorgée du vin ou du jus de raisin et dites à haute voix :

JE GOÛTE AU POUVOIR

- Allumez l'encens ou humez le parfum et enivrez-vous de leurs fragrances en disant à haute voix :

JE RESPIRE LE POUVOIR

- Fermez puis rouvrez les yeux en disant à haute voix :

JE VOIS LE POUVOIR

- Prenez le tissu dans vos mains, malaxez-le et dites à haute voix :

JE SENS LE POUVOIR

- Maintenant, récitez par 3 fois à haute voix :

J'INVOQUE LES QUATRE ÉLÉMENTS
QU'ILS DÉVELOPPENT MES TALENTS
JE CONCENTRE EN MOI LE POUVOIR
ET LE BIEN JE VAIS PROMOUVOIR

- Levez vos bras vers le ciel et dites à haute voix :

JE SUIS LE POUVOIR

- Éteignez les bougies et l'encens.
- Buvez une gorgée de vin en guise de célébration.

Vous constaterez que vos dons se développent lors de vos prochaines activités divinatoires : tarot, pendule ou psychographie.

CRÉEZ VOTRE PROPRE SORT

Si vous ne trouvez pas le sort dont vous avez besoin ou que vous souhaitez approfondir votre pratique, je vous invite à créer votre propre sort. De cette manière, vous y mettrez un peu plus de vous-même (votre volonté, vos goûts, vos souhaits, vos pensées les plus intimes et votre énergie) ; plus que n'importe quel sort de ce livre, un rituel de votre création portera votre signature et résonnera comme aucun autre dans votre cœur. Pour y parvenir, il vous suffit de suivre les étapes ci-dessous et surtout d'écouter votre intuition.

1

Avant toute chose, définissez l'objectif de votre rituel. L'Univers a parfois un sens de l'humour original, alors assurez-vous bien que tout ce que vous lancez est clairement défini et correctement libellé. En d'autres termes, faites attention à ce que vous souhaitez, car vous pourriez l'obtenir ! Par ailleurs, ainsi que je l'avais indiqué au début de ce livre, la magie est un outil formidable pour vous aider à accomplir les choses que vous désirez, mais n'oubliez nullement de vous mettre en action en parallèle afin d'accroître vos chances de réussite.

2

Déterminez les ingrédients dont vous aurez besoin. La première partie du livre ainsi que les ouvrages listés dans la bibliographie contiennent des indications sur le pouvoir des herbes, des bougies, des pierres, etc. Cependant, n'hésitez pas sortir des sentiers battus si votre intuition vous le souffle, et rappelez-vous : la magie repose énormément sur le symbolisme.

3

Choisissez le moment adéquat. Comme je l'ai évoqué dans la première partie du livre, les phases de la lune ont une influence cruciale sur les sorts. Pour attirer les choses à vous, je vous conseille d'effectuer votre sort pendant la lune croissante. Pour une déconstruction (arrêter de fumer, changements d'habitudes...) ou un bannissement, lancez votre sort pendant la phase décroissante. Si vous avez l'impression qu'un jour de la semaine convient mieux qu'un autre ou que l'heure a son importance, suivez votre instinct ! Veillez juste à vous aménager un laps de temps pendant lequel vous ne serez pas dérangée.

4

Élaborez vos incantations. Les mots ont un pouvoir et doivent être le reflet de votre moi authentique, aussi prenez le temps de les choisir avec soin.

Soyez sobre ou bien faites des rimes, dites vos incantations à voix haute ou chantez-les... Faites à votre guise ! Si vous préférez, vous pouvez aussi opter pour le silence et simplement méditer ou réciter les incantations dans votre tête. Vous détenez la clé de la magie et de la puissance : laissez votre personnalité s'exprimer !

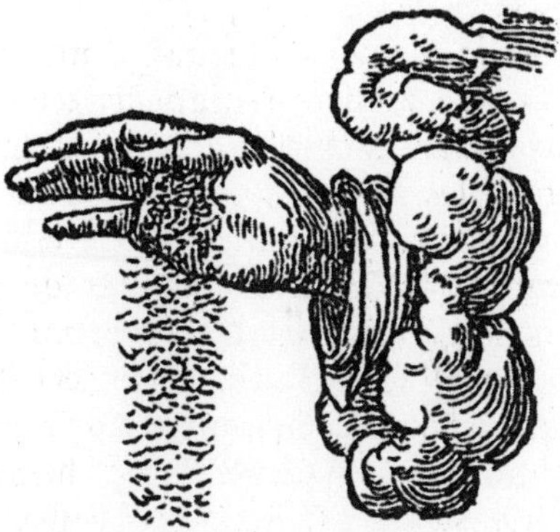

BIBLIOGRAPHIE

André, Christophe, **MÉDITER JOUR APRÈS JOUR. 25 LEÇONS POUR VIVRE EN PLEINE CONSCIENCE,** *L'iconoclaste, Paris, 2011.*

Cannon Reed, Ellen, **THE HEART OF WICCA. WISE WORDS FROM A CRONE ON THE PATH,** *Weiser Books, Newburyport, États-Unis, 2000.*

Chollet, Mona, **SORCIÈRES. LA PUISSANCE INVAINCUE DES FEMMES,** *collection « Zones », La Découverte, Paris, 2018.*

Cunningham, Scott, **LA WICCA. MANUEL DE MAGIE BLANCHE : RITUELS, RECETTES, HERBES ET INVOCATIONS,** *traduit de l'anglais (États-Unis) par Sylvie Fortier, collection « Aventure secrète », J'ai Lu, Paris, 2013.*

Festy, Danièle, **MA BIBLE DES HUILES ESSENTIELLES,** *Leduc.s, Paris, 2018.*

Gawain, Shakti, **TECHNIQUES DE VISUALISATION CRÉATRICE. LA PUISSANCE DE LA PENSÉE,** *traduit de l'anglais (États-Unis) par Christine Lefranc, collection « Aventure secrète », J'ai Lu, Paris, 2004.*

Kynes, Sandra, **120 HUILES ESSENTIELLES EN MAGIE. COMBINAISONS OLFACTIVES & VERTUS MAGIQUES**, *éditions Trajectoire, Paris, 2017.*

Laïs, Erika, **GRIMOIRE DES PLANTES DE SORCIÈRE. PLANTES MAGIQUES POUR JARDIN DE SORCIÈRE,** *Rustica Éditions, Paris, 2016.*

Pelloux, Martine, **CES PIERRES QUI NOUS FONT DU BIEN**, *Leduc.s, Paris, 2018.*

Ronecker, Jean-Paul, **L'ÉNERGIE VIBRATOIRE DES ONDES DE FORME**, *Dangles, Escalquens, 2007.*

Merci aux femmes de ma famille,
et particulièrement ma maman,
pour leur transmission.

Merci à mes amours Yoann & Marlow Pigny Fournereau
d'avoir contribué à la bonne réalisation de ce livre.

Un grand merci à Sandrine Navarro pour sa confiance
et à Bleuenn Jaffres pour sa patience et sa bienveillance.

Cet ouvrage est composé de matériaux issus de forêts
gérées durablement certifiées PEFC™.

Le Programme de reconnaissance des certifications forestières
(PEFC™) est le plus grand organisme mondial indépendant
de contrôle pour une gestion durable des forêts.
Pour en savoir plus, consultez le site www.pefc-france.org

PEFC™ PEFC/14-38-00277

Achevé d'imprimer en avril 2022
par Novoprint
Dépôt légal : mai 2022
Imprimé en Slovaquie